Der kleine Albert

Die magische Schatzkiste

Der kleine Albert
Die magische Schatzkiste

Die Schatzkiste wundervoller Geheimkünste der natürlichen Magie und der Kabbala

vom kleinen Albert

Genau aus dem original Lateinischen übersetzt, mit dem Titel

ALBERTI PARVI LUCII

Das Buch der wunderbaren Geheimnisse der Natur

Bereichert durch mehrere mysteriöse Figuren, um Talismane herzustellen, mit der Art und Weise, wie diese zu bereiten sind.

Genf, 1704

Impressum

Der kleine Albert
Die magische Schatzkiste

Aus dem Französischen übersetzt von Christian Eibenstein.

© 2013 Christian Eibenstein

Herstellung und Verlag: Books on Demand GmbH, Norderstedt

Umschlaggestaltung: Christian Eibenstein
Alle Grafiken aus alten Manuskripten
sorgfältig rekonstruiert von Christian Eibenstein

www.Christian-Eibenstein.de.vu

Bibliografische Information der Deutschen Nationalbibliothek:
Die Deutsche Nationalbibliothek verzeichnet diese Publikation in der Deutschen
Nationalbibliografie; detaillierte bibliografische Daten sind im Internet über
http://dnb.d-nb.de abrufbar.

Printed in Germany

ISBN 978-3-746-02539-1

Inhalt

Die Geheimnisse, die in diesem kleinen Schatz enthalten sind.

Vorwort

Das uns vorliegende Buch ist eine Sammlung unterschiedlichster magischer und naturphilosophischer Schriften und Rezepte. Zum einen sind es klassische Themen sympathisch magischer Hausschätze, ähnlich denen der Mosesbücher, zusammen mit Liebeszauber, medizinischen Traktaten und Schatzgräberritualen und der Bereitung von Talismanen. Aber auch magisch philosophische Abhandlungen und einfache Anekdoten vermeintlich magischer Experimente, die der Autor als Schwindel aufgedeckt hat, finden sich hier. Der Autor, der angibt nahezu alle Mittel selber durchgeführt zu haben, erweist sich als ein Praktiker. Das bezeugen allein seine alchemistischen Abhandlungen. Das Buch gibt einen Querschnitt des magischen Denkens und der Hausmittel jener Zeit wieder. Teils sind sie jedoch ziemlich gefährlich und gesundheitsschädlich – andere muten einfach nur kurios an.

Der Titel "Le Petit Albert" ist eine Anspielung auf den "Großen" also Albert der Große, der im 13. Jahrhundert lebte. Schon früh wurden ihm magische Schriften zugeschrieben. Der Autor versucht schon zu Beginn der Schrift gar nicht den Mythos aufrechtzuerhalten, dass dieses Buch aus dem 13. Jahrhundert stammt. Vielmehr tritt er als Herausgeber und Übersetzer einer lateinischen Schrift auf. Der Autor, dessen Name nicht genannt wird, gibt zu, nicht alles selber erfunden zu haben, sondern dass er sich auf ältere Schriften bezieht. Er beziehe sich auf "die größten Philosophen", von denen er einige "Geheimnisse" übernommen habe. Durchaus fließen alte Rezepte, Talismane und Ideen ein; so begegnen uns Adaptionen und Zeichnungen alter Traktate von Agrippa, Paracelsus, Gerolamo Cardano etc. aus dem 16. Jahrhundert. Das Buch kann bis in das 17. Jahrhundert zurückverfolgt werden. Allein da Schusswaffen erwähnt werden, ist die Schrift wohl kaum älter. Die erste Druckfassung erscheint in Frankreich im Jahre 1688. Hauptsächlich haben wir uns an die Fassung von 1704 gehalten. Der Appendix stammt aus Ausgaben nach 1704. Da dieser in fast allen späteren Ausgaben angehangen wird, haben wir ihn ebenfalls beigefügt.

2013, Christian Eibenstein

Ein Hinweis, den Sie lesen sollten.

Dies hier ist eine Neuauflage des Buches „wunderbare Geheimnisse des kleinen Albert", bekannt aus dem Lateinischen unter: „Alberti Parvi Lucii Libellus de mirabilibus naturae Arcanis", der Autor, dem es zugeschrieben wird, war einer jener großen Männer, die von ignoranten Menschen der Magie beschuldigt wurden; (es war früher das Schicksal aller großen Geister, die Außergewöhnliches in der Wissenschaft erreichten, als Zauberer behandelt zu werden.) Dies ist vielleicht der Grund, warum der kleine Schatz mittlerweile so selten ist, denn weil Abergläubische Bedenken hatten, ihn zu verwenden, ging er fast verloren, doch ein edler Mann von Welt war neugierig (wie man versicherte) und bot mehr als tausend Gulden für ein einziges Exemplar; erst kürzlich entdeckten wir ihn in der Bibliothek eines großen Mannes wieder, der freundlicherweise der Öffentlichkeit diesen reichhaltigen Schatz nicht vorenthalten wollte. Es kann also jetzt für einen geringen Preis erstanden werden, ist nützlich und kann mit großem Gewinn verwendet werden. Wir haben es vorgezogen, die alte und ein wenig höfliche Sprache des Buches so zu belassen, wie wir sie vorgefunden haben, und nichts zu ändern, aus Sorge, die wahre Bedeutung zu entstellen. Außerdem wirst du sicher nicht böse sein, dass wir am Ende von diesem Schatz ein paar wunderbare Geheimnisse von einer Person mit großer Erfahrung hinzugefügt haben; und wie es oft in diesem Buch erwähnt wird, haben wir einige Geheimnisse über die Stunden der Planeten dargelegt, so findet man am Ende des Buches Tabellen, die die Zeit des Sonnenaufgangs für jeden Tag des Jahres angeben, damit man sich nicht in der Stunde täuscht, an dem jeder Planet regiert: Denn du solltest wissen, die erste Stunde rechnet man ab dem Sonnenaufgang, und nicht ab Mitternacht, wie manche irrtümlich behauptet haben.

Der Schatz der wunderbaren Geheimkünste.

Der wahrhaft Wissbegierige, der nach den Geheimnissen der seltensten und verborgensten Natur strebt, muss mit aufrichtigem Herzens die Augen des Verstandes vor dem öffnen, was ich mit großer Sorgfalt und Genauigkeit in diesem kleinen Buch gesammelt habe.

Dieses kann durchaus als ein universeller Schatz bezeichnet werden, weil doch der kleinste Raum die Wunder birgt, die der ganzen Menschheit zur Freude dienen, dem Edelmann wie dem Bürger, dem Kaufmann aus der Stadt wie dem Bauer vom Land, dem Krieger aber auch dem Friedlichen, dem Knappen wie dem Hausmädchen, der Schwangeren wie der Jungfrau, und vor allem dem guten Hausvater; sie werden aus meiner Erfahrungen zu ihrem Vorteil schöpfen, um ihre lebhaftesten Verlangen und ihre sehnlichsten Wünsche zu erfüllen.

Um allerdings eine gewisse methodische Ordnung in mein Werk zu bringen, und es für meine Leser nützlicher und angenehmer zu gestalten, werde ich die Themen jeweils getrennt behandeln, damit eine undifferenzierte Vermischung keine Verwirrung stiftet; ich meine damit, wenn ich zum Beispiel Geheimnisse der Liebe und des Krieges behandele, gebe ich sofort und ununterbrochen alles zu diesem Thema an; oder wenn es eine natürliche Verbindung gibt und ich an anderer Stelle weitere Geheimnisse zur Liebe oder zum Krieg passend angebe, so weise ich meine Leser darauf hin, und sage ihnen, wo sie diese Geheimnisse finden können.

Es ist ebenso wichtig, meine Leser darüber in Kenntnis zu setzten, dass – so erstaunlich die Geheimnisse auch sind, die ich ihnen in dieser kleinen Sammlung präsentiere – sie doch nicht über die geheimen Kräfte der Natur hinausgehen, das heißt, über die aller lebenden Geschöpfe, die in diesem riesigen Universum verstreut sind, ob im Himmel, in der Luft, an Land und im Wasser. Denn so steht es geschrieben, dass die Weisen durch die Weisheit die Sterne herrschen sollen, und uns ist gewiss, dass die Sterne durch ihren Einfluss dem Weisen, der Kenntnisse über ihre Einflüsse hat, nützlich sind.

Allerdings ist es notwendig, um den Einfluss der Sterne zu kennen, dass man ihre günstigen Konstellationen erkennt, als Aspekte oder als Bild, ihren Eintritt und ihren Aufenthalt in den himmlischen Zeichen. Was unter dem Begriff Sterne im

Allgemeinen verstanden wird, sind die Planeten, die ihren eigenen Wochentag haben, Sonne für Sonntag, Mond für Montag, Mars für Dienstag, Merkur für Mittwoch, Jupiter für Donnerstag, Venus für Freitag, Saturn für Samstag.

Diejenigen, die nicht die erhabenen Wissenschaften der Philosophie und Astronomie studieren konnten, fragen Astrologen oder verwenden einen guten Kalender, wenn sie an einem Geheimnis arbeiten, das mit einem Aspekt oder einer Konjunktion der Sterne zusammenhängt, damit die Genauigkeit, die für das Werk wichtig ist, zu einem guten, nützlichen und förderlichen Ergebnis der Operation führt.

Man kann den wunderbaren Geheimnissen, die ich hier wiedergebe, keine Magie oder Teufelswerk nachsagen, auch wenn bestimmte Wörtern oder Figuren verwendet werden, so sind ihre enthaltene Kraft und Wirksamkeit unabhängig von Zauberei, so wie die alten weisen Hebräer sie in ihrer großen Religion verwendet haben. Die Geschichte und die Chroniken Frankreichs lehren uns, dass Karl von einem Papst ein kleines Buch empfangen hat, das ganz aus geheimnisvollen Figuren und Worten bestand, die diesem Fürsten erfreulicherweise bei zahlreichen Gelegenheiten diente, und dieses kleine Buch hatte den Titel enchiridium Leonis papæ[1]. Die Wunder, die in diesem kleinen Buch wiedergegeben werden, wurden zu Gunsten aller vollbracht, die es als lobenswerte sahen, sie haben den Ruhm des Buches gesichert, trotz all derer, die es als abergläubisch verschrien haben.

Zum Schluss möchte ich meine Leser darauf hinweisen, dass sie nichts gewöhnliches und triviales in diesem kleinen Buch finden werden, es ist wie ein Extrakt und ein Elixier, es unterstützt und perfektioniert die Natur in ihrer Kunstfertigkeit durch ihre wunderbarsten und okkultesten Kräfte. Ich lasse mich nicht zu der Eitelkeit verführen, alles als mein Eigentum oder meine Erfindung auszugeben. Ich gebe unumwunden zu, dass ich mich aus den Schriften der berühmtesten Philosophen bedient habe, die mit bewundernswertem Fleiß alles durchdrungen haben, was die Natur an Geheimnisvollen hat und am meisten versteckt. Es ist wahr, dass ich hier nichts leichtsinnig unterbreite, denn es gibt fast nichts, was ich nicht mit Vergnügen selbst ausprobiert zu habe.

---

[1] Eigentlich *enchiridion* Leonis papæ, Papst Leos Handbuch. Papst Leo III., ca.* 750; † 816, er krönte am 25. Dezember 800 Karl den Großen zum Kaiser.

Die Liebe zwischen Mann und Frau.

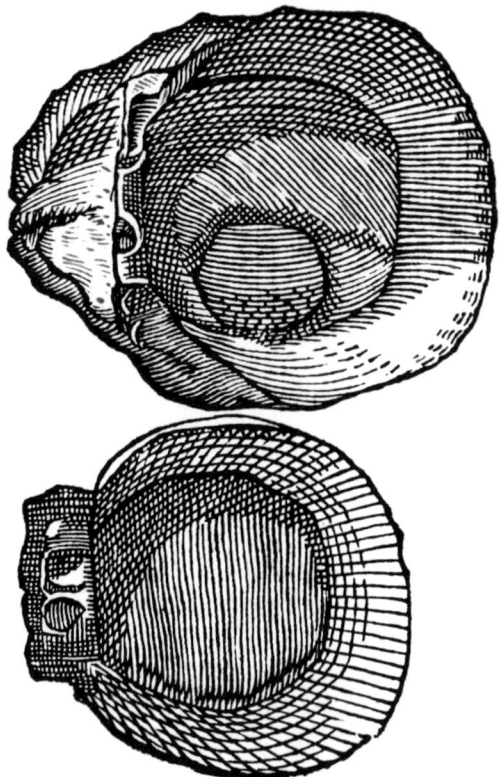

Hippomanes.

Es gibt für den Menschen nichts natürlicheres als zu lieben und geliebt zu werden, deshalb beginne ich meinen kleinen Schatz der Geheimkünste, um zu diesem Ziel zu gelangen, und ohne erst Venus und Amor anzurufen, die die beiden dominierenden Gottheiten dieser edlen Leidenschaft des Menschen sind. Ich würde sagen, dass Mutter Natur, die alles für den Menschen tut, jeden Tag viele Kreaturen hervorbringt, die für den Erfolg in der Liebe hilfreich sind. Oft findet man an der Stirn eines weiblichen Fohlens ein Stück Fleisch, wovon ich hier eine Abbildung wiedergebe, dafür gibt es eine wunderbare Verwendung, um Liebe zu stiften. Denn wenn man das Stück Fleisch, das die Alten Hippomanes[2] nannten, in einem neuen, gut glasierten Topf in einem Brennofen trocknet, aus dem aber das Brot herausgezogen sein muss, trägt man es bei sich, und wenn es von der Person berührt wird, die wir lieben wollen, haben wir Erfolg. Kann man es einrichten, dass die Person davon nur die Größe von zwei Erbsen mit einer Flüssigkeit, Marmelade oder Kompott schluckt, dann ist der Effekt noch unfehlbarer. Und da der Freitag der Tag ist, der der Venus gewidmet ist, die über die Geheimnisse der Liebe regiert, ist es gut, an diesem Tag das Experiment durchzuführen. Siehe, was der berühmte Jean-Baptiste Porta[3] sagte, was die überraschenden Eigenschaften des Hippomanes sind, um die Liebe zu entfachen.

Ein weiteres für die Liebe.

Entnimm dir Blut an einem Freitag im Frühling, gebe es in den Ofen, um es in einem kleinen Topf trocknen zu lassen, wie bereits erwähnt, zusammen mit den beiden Hoden eines Hasen und der Leber einer Taube. Pulverisiere alles ganz fein und lass ungefähr eine halbe Drachme[4] davon die Person einnehmen, mit der du eine Absicht hegst, und wenn der Effekt nicht beim ersten Mal erfolgt, wiederhole es dreimal, und du wirst geliebt werden.

Ein weiteres für die Liebe.

Lebe mindestens fünf oder sechs Tage lang keusch, und am siebenten, der ein Freitag sein muss, essen und trinke eine Mahlzeit von hitziger Natur, die dich zur Liebe anregt, und wenn du dich in diesem Zustand befindest, führe ein ungezwungenes Gespräch mit dem Objekt deiner Leidenschaft, und sorge dafür, dass sie dir in die Augen schaut, und du in ihre, sei es nur für die Zeit eines Ave Maria: dann werden sich die Sehstrahlen treffen, diese mächtigen Vehikel der Liebe, sie dringen in das Herz ein, und die stolzeste und die kaltherzigste kann dir

---

[2] Die Hippomanes entsteht während der Trächtigkeit bei Stuten aus unverbrauchter und eingedickter Nährflüssigkeit in der Plazenta; galt schon in der Antike als Aphrodisiakum.

[3] Giovan Battista della Porta, * 1535; † 1615, Alchemist, Philosoph und Arzt aus Italien.

[4] Eine Drachme sind etwa vier Gramm.

nicht widerstehen. Es ist ziemlich schwierig, ein schamhaftes Mädchen dazu zu bringen, einem Mann eine Zeit lang in die Augen zu schauen; aber man kann sie dazu bewegen, wenn man wie im Scherz sagt, man habe gelernt, ein Geheimnis aus den Augen zu erraten, ob sie bald heiraten werde, ob sie lange Zeit leben werde, ob sie in ihrer Ehe glücklich sein werde oder etwas anderes, was ihrer Neugierde schmeichelt, und sie hör nicht auf, den Mann anzublicken.

Ein weiteres für die Liebe.

Nimm einen goldenen Ring mit einem kleinen Diamanten, der noch nicht getragen wurde, seit er aus der Hand des Goldschmiedes kam, wickele ihn in ein kleines Stück Seide und trage ihn für neun Tage und neun Nächte zwischen Hemd und Haut über deinem Herzen. Am neunten Tag, vor Sonnenaufgang, graviere mit einem neuen Stichel das Wort *Sheva* in den Ring. Siehe zu, dass du dir Haare der Person besorgst, von der du geliebt werden willst, und binde sie mit dreien von deinen zusammen, dabei sprich: *Oh Körper, kannst du mich lieben, und dass deine inbrünstig Absichten genauso erfüllt werden wie meine, durch die Kraft Sheva!* Binde mit den Haaren einen Liebesknoten mit dem Ring fast genau in der Mitte des Knoten. Nachdem du ihn wieder in ein Seidentuch gewickelt hast, tragen ihn für weitere sechs Tagen auf dem Herzen, löse den Ring am siebenten Tag aus dem Liebesknoten, und schaffe es nun, dass der geliebte Mensch ihn annimmt. Die ganze Operation muss vor Sonnenaufgang nüchtern durchgeführt werden.

Ein weiteres für die Liebe.

Um nichts zu sagen, was die Sittlichkeit beleidigt, werde ich hier nichts wiedergeben, was ich von einem sehr geschickten Arzt zu lesen bekam, betreffend der Kraft des Spermas oder des Samens, um die menschliche Liebe zu erwecken, vor allem deshalb, da die Erfahrung nicht gemacht werden kann, ohne der Natur Gewalt anzutun, die uns aber genügend andere Mittel bietet. Daher habe ich stattdessen das Kraut, welches unter dem Namen Echter Alant bekannt ist, hier als Bild wiedergegeben.

Enula Campana.

Du muss es am Vorabend vom St. Johannistag[5] nüchtern sammeln, im Monat Juni vor Sonnenaufgang, trockne es, zerreibe es mit grauem Ambra zu Pulver; nachdem du es neun Tage lang auf deinem Herzen getragen hast, lass es von der Person, von der du geliebt werden möchtest, schlucken, und der Erfolg wird sich einstellen. Das Herz einer Schwalbe, Taube oder Sperling, vermischt mit dem eigenen Blut der Person, die geliebt werden will, hat den gleichen Effekt.

---

[5] 24. Juni, man feiert den Tag der Sommersonnenwende (eigentlich 21. Juni).

Ein weiteres für die Liebe.

Ein Erfolg bei diesem Unterfangen kann auch mit Hilfe von Talismanen erlangt werden, die unter der Konstellation der Venus gefertigt werden, ich werde in diesem kleinen Buch später gestochene Modelle von sieben Talismanen abbilden, die unter der Herrschaft der sieben Planeten angefertigt werden können, und ich werde über die Art, wie dies zu tun ist, und über die Kräfte, die sie enthalten, sprechen. Betrachten wir das Thema, das von der Venus handelt. Diese Talismane wurden von den weisesten Kabbalisten gefertigt und richten sich nach den geheimnisvollen Zahlen und hieroglyphischen Figuren, entsprechend dem Planeten, aus denen sie ihre Eigenschaften beziehen, sie nennen es Tafel oder Siegel der Planeten oder der himmlischen Intelligenzen.

Ein weiteres für die Liebe.

Es gibt unter den Geheimnissen eines, das die weisen Kabbalisten den Liebesapfel nennen, und er wird folgendermaßen hergestellt. Gehe an einem Freitagmorgen vor Sonnenaufgang in einem Obstgarten, pflücken von einem Baum den besten Apfel; schreibe dann mit deinem Blut deinen Namen und Nachnamen auf ein kleines Stück weißes Papier, und in einer weiteren Zeile den Namen und Nachnamen der Person, von der du geliebt werden willst, und versuche nun drei ihrer Haare zu bekommen, und verbinde sie mit drei von deinen, so dass du die kleine Notiz, die du zuvor geschrieben hast, zusammen mit einer weiteren verbindest, auf dem das Wort *Sheva* steht, auch mit deinem Blut geschrieben. Spalte dann den Apfel in zwei Hälften, entnimm die Kerne und lege an ihrer Stelle die mit den Harren zusammengebundenen Zettelchen, und mit zwei kleinen spitzen Spießen aus Myrtezweige fügst du die beiden Hälften des Apfels wieder zusammen und lass ihn im Ofen trocknen, bis er hart und trocken ist, wie Dörräpfel in der Fastenzeit. Wickele ihn dann in Lorbeer- und Myrteblätter, und lege ihn unbemerkt unter das Kopfkissen des Bettes, wo die Geliebte schläft, und in kurzer Zeit erhältst du ein Zeichen ihrer Liebe.

Ein weiteres für die Liebe.

Es ist für einen Mann nicht genug, eine Frau nur vorübergehend oder einmal zu lieben, es muss eine fortgeführte und unauflösliche Liebe sein, und dazu braucht es ein Geheimnis, damit die Liebe der Frau sich nicht ändert oder erlischt. Dazu entnimm das Mark, welches du in dem linken Fuß eines Wolfes findest; mache eine Salbe mit grauem Ambra und Chypre-Pulver, trage die Salbe von Zeit zu Zeit auf, so dass die Frau dies riecht und sie wird dich mehr und mehr lieben.

Ein weiteres für die Liebe.

Es könnte schlimmsten Fall passieren, dass die Frau den Mann überdrüssig bekommt, wenn er den Akt der Venus nicht durchsteht, dann müssen die Vorkehrungen nicht nur darin bestehen, gute Nahrung zu sich zu nehmen, sondern sich auch durch die Geheimnisse stärken, die antike und moderne Forscher über die bewährten Wunder der Natur herausgefunden haben. Man muss, so sagen sie, einen Balsam aus Eidechsenasche, Johanniskrautöl und Moschus herstellen und sich den großen Zeh und die linke Niere eine Stunde vor dem Beginn des Aktes einsalben und man kommt zu Ehre und Freude im Spiel.

Ein weiteres für die Liebe.

Eine Salbe, bestehend aus dem Fett einer jungen Ziege, grauem Ambra und Moschus, führt zum gleichen Effekt, wenn damit die Eichel des Penis eingerieben wird, weil es ein Kribbeln erzeugt, und dies bereitet der Frau eine wunderbaren Freude beim Koitus.

Ein weiteres für die Liebe.

Wenn der Ehemann seine Frau gefühlskalt vorfindet, und sie an jeglichem Liebesspiel keinen Gefallen findet, gib folgendes zu Essen: Gänsehoden und Hasenbauch, schmackhaft gemacht mit feinen Gewürzen, und von Zeit zu Zeit Salat, zubereitet mit reichlich Rucola, Knabenkraut und Sellerie mit Rosenessig.

Gegen den Knotenzauber.

Unsere Vorfahren versicherten, dass der Vogel, der Grünspecht genannt wird, ein Allheilmittel gegen den Knotenzauber[6] ist, wenn man ihn nüchtern gebraten mit gesegnetem Salz isst ... Wenn du den Rauch eines verbrannten Zahnes eines Mannes einatmest, der jüngst verstorben ist, wird der Zauber ebenfalls weichen ... Der gleiche Effekt tritt ein, wenn du Quecksilber in einen Haferstroh- oder Weizenstrohhalm gibst, und man diesen Halm aus Weizenstroh oder Hafer unter das Kopfkissen des Bettes legst, indem der schläft, dem der böse Zauber angetan wurde ... Werden Mann und Frau von einem Zauber heimgesucht, ist es notwendig, um geheilt zu werden, dass der Mann durch den Ehering pinkelt, der von der Frau gehalten wird.

Um einen Nestelband zu knüpfen.

Nimm die Rute[7] eines Wolfes, der soeben getötet wurde, und nähere dich der Tür von demjenigen, dem du die Nestel knüpfen möchtest, rufe ihn bei seinem Namen, und sobald er antwortet, binde die Rute des Wolfes mit einem weißen Bindfaden, und er wird für den Akt der Venus unfähig sein, als wäre er kastriert. Die Erfahrung lehrt, um dies zu beheben oder diese Art der Verzauberung zu verhindern, trage man nur einen Ring, in dem das rechte Auge eines Wiesels eingefasst ist.

Um das übermäßigen Verlangen der Frau nach dem Akt der Venus zu mäßigen.

Pulverisiere die Genitalen eines roten Stiers und gebe von dem Pulver das Gewicht eines Talers in eine Brühe aus Kalbfleisch, Portulak[8] und Lattich und gib es der begierigen Frau, und sie wird nicht mehr so aufdringlich sein, sondern sie wird eine Abneigung gegen alle venerischen Akte haben.

---

[6] Auch Nestelknüpfen genannt, Zauber durch binden von Knoten an einer Schnur.

[7] Es kann auch der Penis gemeint sein.

[8] Heilpflanze und Wildgemüse, bereits im alten Babylon verwendet.

Gegen die Fleischeslust und um keusch zu leben.

Obwohl die mit Lattich und Portulak gewürzten Speisen nützlich sind, um die Glut der Begierde zu dämpfen, so finden wir doch diese nicht in allen Jahreszeiten vor, und wir können solcher Speisen überdrüssig werden, wie die Israeliten das Manna in der Wüste über hatten, deshalb hat uns die Natur viele andere Mittel zur Verfügung gestellt. Mache also ein Pulver aus Achat, gib es in einen Streifen Stoff, der in Wolfsfett getauchte wurde, und man umgürtet die Lenden mit diesem Band wie mit einem Gürtel, daneben trage der Mann das Herz einer männlichen und die Frau das einer weiblichen Wachtel, und es wird noch mehr Wirkung haben, wenn sie in einem Stück Wolfspelz gewickelt sind.

Um zu erfahren, ob ein Mädchen keusch ist oder ob sie berührt wurde und empfangen hat.

Nimm Gagat[9] oder Pechkohle welches du zu einem ganz feinen Pulver zerreibst, lass das Mädchen davon das Gewicht eines Talers einnehmen und wenn das Mädchen berührt wurde, wird es für sie unmöglich sein, ihren Urin zu halten, und es wird unter sich gehen lassen: Wenn sie im Gegenteil keusch ist, wird sie mehr Urin als üblich halten. Gelber oder weißer Ambra[10], aus dem man Ketten oder Rosenkränze fertigt, führen zum gleichen Ergebnis, wenn sie so vorbereitet werden, wie Gagat oder Pechkohle. Der Samen der Porzellanerde, Blätter und Wurzeln der Klette, pulverisiert und als Brühe oder in einer anderen Flüssigkeiten zu trinken gegeben, leisten die gleichen guten Dienste.

Ein weiteres zum gleichen Thema.

Nimm einen weißen Faden, miss damit die dicke des Halses des Mädchens, verdoppele die Länge, lass beide Enden mit den Zähnen des Mädchens halten, und ziehe den Faden aus, bis ihr Kopf hindurch passt, geht er leicht hindurch, ist es beschädigt, wenn es kaum geht, kannst du sicher sein, dass sie noch Jungfrau ist.

---

[9] Gagat ist eine fossile Form versteinerter Kohle, auch Schwarzer Bernstein oder Pechkohle genannt.

[10] Also Bernstein, die eigentliche Bedeutung von "Ambra". Der duftende Ambra, Ausscheidungsprodukt der Wale, wird "grauer Ambra" genannt.

Um die verlorene Jungfräulichkeit wiederherzustellen.

Nimm eine halbe Unze geweihte venezianische Erde, ein wenig Milch aus Spargelblättern, eine viertel Unze salpetersaures Kali, aufgegossen mit Zitronensaft, oder mit dem Saft grüner Pflaumen, ein frisches Eiweiß mit etwas Hafermehl. Mache aus allem eine Kugel, die ein wenig fest ist, und führe sie in die Natur des entjungferten Mädchens ein, nach dem du sie mit Ziegenmilch aufgespritzt hast und salbe sie mit weißem, ungesottenem Pech ein. Bevor du das Geheimnis nicht vier oder fünf Mal ausgeführt hast, wird das Mädchen nicht die Mutter täuschen können, die sie untersucht. Spritzt man mehrere Tage die Natur des Mädchens mit Spargelwasser aus, destilliert mit Zitronensaft, hat dies die gleiche Wirkung wie die Salbe, die oben beschrieben steht.

Um zu verhindern, dass die Frau sich mit jemanden liederlich herumtreibt.

Diejenigen, die zwangsläufig für eine lange Zeit nicht zu Hause sind, und deren Frauen verdächtig und fragwürdig sind, führen folgendes zu ihre Sicherheit aus. Nimm einige wenige Haare der Frau und schneide sie so fein wie Staub, bestreiche dann den Penis mit ein bisschen gutem Honig und streue darüber die zu feinem Pulver geschnittenen Haare, und führe dann den Akt der Venus mit der Frau aus, und sie bekommt daraufhin eine sehr große Abneigung gegen diesen Zeitvertreib. Wenn der Ehemann diesen Widerwillen vergehen lassen will, nimmt er seine eigenen Haare, die er fein schneidet, so wie er es zuvor mit denen der Frauen gemacht hat. Dann salbe er sein Glied mit Honig und Moschus ein und bestreut es mit seinen Haaren, dann wird er zur Befriedigung der Frau den Akt ausführen.

Um nach mehreren Geburten die faltige Haut des Bauches junger Frauen wiederherzustellen.

Machen eine Salbe aus venezianischem Terpentin, Spargelmilch, Hüttenkäse, und salpetersaurem Kali und reibe den Bauch mit einem kleinen Schwamm und Zitronensaft ab und lege dann einen Umschlag mit der Salbe auf dem Bauch, wiederhole dieses Geheimnis mehrmals und man wird zufrieden sein.

Damit Mädchen oder Witwen in der Nacht sehen, wen sie heiraten werden.

Diese nehmen einen kleinen Pappelzweig, binden ihn mit einem Band aus weißen Garn und mit ihren Strumpfbändern zusammen, und legen dies danach unter das Kopfkissen des Bettes, in dem sie in der Nacht schlafen, dann reiben sie sich ihre Schläfen mit ein wenig Blut eines Vogels Namens Wiedehopf ein, und beim Hinlegen sprechen sie folgendes Gebet für das, was sie wissen wollen.

Gebet.

Kyrios clementissime, qui Abraham servo tuo dedisti uxorem Saram, & filio ejus obedientissimo, per admirabile signum indicati Rebeccam uxorem: indica mihi ancillæ tuæ quem sim nuptura virum, per ministerium tuorum spirituum Balideth, Assaibi, Abumalith. Amen.

(Oh gnädiger Gott, der du deinem Knecht Abraham Sarah zur Frau gabst, und seinem gehorsamen Sohn durch ein wunderbares Zeichen (seine Frau) Rebecca gezeigt hast, zeige mir, deiner Magd, welcher Mann mir zur Heirat gereicht wird, durch die Hilfe deiner Geister Balideth, Assaibi, Abumalith. Amen.)

Am nächsten Morgen, wenn man aufwacht, sollte man sich ins Gedächtnis rufen, was man im Traum während der Nacht im Schlaf gesehen hat, und wenn man keine Erscheinung eines Mannes sah, muss man dies nachts an drei folgenden Freitagen wiederholen. Wenn das Mädchen keine Erscheinung eines Mannes während der drei Nächte hatte, kann sie gewiss sein, dass sie sich nicht verheiratet wird. Witwen können dieses Experiment durchführen wie die Mädchen, mit einem Unterschied, während Mädchen am Kopfende schlafen, ist es notwendig, dass Witwen am Fußende schlafen.

Für Jungen und Witwer, die Frauen in ihren Träumen sehen wollen, die sie heiraten.

Man besorge sich Korallen- und Magnetpulver, welches zusammen mit dem Blut von einer weißen Taube vermischt und zu einem kleinen Stück Teig gemacht wird, fasse es in eine weite Form, wickele es dann in ein Stück blauen Taft und hänge es um den Hals. Lege unter das Betttuch deines Kopfkissens einen Myrtezweig, sprich am Abend das Gebet wie zuvor nur mit einer Änderung: statt der Worte Ancillæ tuæ quem sim nuptura, virum, (deiner Magd, welcher Mann mir zur Heirat gereicht wird) füge ein: servo tuo quam sim nupturus uxorem, (deinem Knecht, welche Frau mir zur Heirat gereicht wird).

Um sich vor Ehebruchs zu schützen.

Nimm die Spitze der Genitalen eines Wolfes, die Wimpern seiner Augen und von dem Bart an seiner Schnauzte, reduziere dies zu Pulver durch Kalzination[11]. Wenn die Frau es ohne ihr Wissen einnimmt, kann man sich ihrer Treue sicher sein. Knochenmark aus der Wirbelsäule eines Wolfes hat den gleichen Effekt.

Um ein Mädchen nackt in einem Hemd tanzen zu lassen.

Nimm wilden Majoran, normalen Majoran, wilden Thymian, Eisenkraut, Myrteblättern, zusammen mit drei Blättern von einem Walnussbaum und drei kleinen Stängel von einem Fenchel, sammele alles am Sankt Johannistag im Juni vor Sonnenaufgang. Lass es im Schatten trocknen, mache daraus ein Pulver und treibe es durch ein feines Haarsieb; und wenn du diesen hübschen Spaß ausführen möchtest, musst du das Pulver an der Stelle in die Luft blasen, wo es das Mädchen einatmen kann oder lass sie es als Tabak zu sich nehmen, und die Wirkung wird bald folgen. Ein berühmter Autor fügte hinzu, dass der Effekt sogar noch unfehlbarer sei, wenn dieses schlüpfrige Experiment an einem Ort durchgeführt wird, wo Lampen mit Fett von Hasen und jungen Böcken brennen.

Um Glück bei Geschicklichkeits- und Glücksspielen zu haben.

Nimm einen Aal, der aus Mangel an Wasser starb, nimm die Galle eines Stiers, der von wütenden Hunden getötet wurde, steckte alles in die Aalhaut mit einer Drachme Geierblut, binden die Aalhaut an beiden Enden mit einem Strick eines

---

[11] Ausglühen.

Gehängten zusammen, lege dies für 14 Tage in warmen Mist, trockne dies dann in einem Ofen, der mit Farn befeuert wird, das am Vorabend des Sankt Johannistages gesammelt wurde. Mache daraus ein Armband, auf dem du mit deinem eigenen Blut mit einer Raben-Feder diese vier Buchstaben schreibst: HVTY, trage dieses Armband an deinem Arm, und du wirst überall dein Glück machen.

Um durch Fischfang reich zu werden.

Du fängst bequem unzählige Fische, wenn man die folgende Zusammensetzung auswirft. Nimm Blut von einem Ochsen, Blut einer schwarzen Ziege, Schafsblut, welches du im Dünndarm findest, Thymian, Oregano, Mehl, Majoran, Knoblauch, Weinhefe und Fett oder Knochenmark von diesen Tieren, zerstoße alle Zutaten und mache daraus kleine Kugeln, die du in den Fluss oder Teich wirfst, und du wirst ein Wunder erleben.

Ein weiteres zum gleichen Thema.

Zerstoße Brennnesseln mit Fünffingerkraut, füge den Saft der Hauswurz mit in Majoran- und Thymianwasser ausgekochtem Getreide hinzu, setze diese Mischung in eine Fischreuse, um Fische zu fangen, und es wird in kurzer Zeit voll sein.

Ein weiteres zum gleichen Thema.

Nimm Kokkelskörner[12] mit Kreuzkümmel, alten Käse, Weizenmehl und gute Weinhefe, zerdrücke alles zusammen und drehe dies zu kleinen Pillen von der Größe einer Erbse und wirf sie in die Flüsse, wo es eine Fülle von Fischen gibt und das Wasser ruhig ist, und alle Fische, die diese Mischung probieren, werden betrunkenen und springen zum Ufer hinaus, so dass man sie mit der Hand aufsammeln kann, und bald verliert sich der Rausch, und sie werden wieder munter wie zuvor, bevor sie diesen Köder gefressen haben.

---

[12] Auch Scheinmyrte genannt, enthält psychoaktive Substanzen.

Ein weiteres zum Thema.

Blüten der Ringelblume mit Majoran, Weizenmehl, alter Butter, Ziegenfett mit Regenwürmern, miteinander vermischt, dient wunderbar dazu, alle Arten von Fischen in Reusen oder Netze zu locken.

Ein weiteres zum Thema.

Damit sich die Fische an einer Stelle im Meer sammeln, nimm drei Muscheln, die auf Felsen wachsen; und nachdem du das Fleisch, welches du in ihnen findest, herausgezogen hast, schreibe mit deinem eigenen Blut die beiden folgende Worte auf die Muscheln: JA SABAOTH; wirf die Muscheln an der Stelle ins Meer, wo du die Fische versammelt haben willst, du wirst innerhalb kürzester Zeit eine sehr große Anzahl zu sehen bekommen.

Ein weiteres zu diesem Thema.

Um eine große Anzahl Krebse zu fangen, legt man, wenn man die Stellen entdeckt hat, wo sie sich aufhalten, Fischreusen aus, in die man ein Stück Ziegendarm legt oder ein paar gehäutet Frösche, und auf diese Weise ködert man eine ungeheuer große Menge.

Um Vögel daran zu hindern, die Saat zu verderben, indem sie die Körner fressen.

Nimm die dickste Kröte, die du finden kannst, und lege sie zusammen mit einer Fledermaus in einen neuen, irdenen Topf und verschließe ihn. Schreibe mit dem Blut eines Raben in den Deckel des Topfes das Wort *Achizech* hinein, vergrabe diesen Topf in der Mitte des bestellten Feldes und habe keine Angst mehr, dass sich Vögel nähern. Wenn die Körner beginnen zu reifen, musst du den Topf vom Feld nehmen und auf einen Schindanger[13] werfen.

---

[13] Ort an dem Tierkadaver entsorgt und den Aastieren überlassen wurden.

Um eine große Anzahl von Vögeln zu fangen.

Nimm eine Eule oder Schleiereule, die du in der Nacht an einem Baum in einem Wald oder Hein bindest. Entzünde in ihrer Nähe eine großes Kerze, die ein helles Licht gibt, darüber hinaus werden zwei oder drei Leute rund um den Baum mit Trommeln Lärm machen, ein Vogelschwarm wird sich einfinden, sie lassen sich in die Näher der Eule nieder, bereit, sie anzugreifen, und es wird leicht sein, sie mit Vogeldunst[14] zu schießen.

Ein weiteres zum Thema.

Tunke Körner in Branntwein, die als Nahrung für Vögel dienen, mit ein wenig weißer Nieswurz; diejenigen, die diese Körner fressen, werden plötzlich ganz benommen, und man kann sie mit der Hand nehmen.

Ein weiteres zum Thema.

Will man Krähen und Raben lebend fangen, forme ein Horn aus starkem, blau-grauen Papier, bestreiche es innen mit Leim und lege dort ein Stück verdorbenes Fleisch hinein, das sie anlockt. Wenn sie ihren Kopf in das Horn schieben, bleibt der Kleber an ihren Federn und das Horn wird wie eine Kappe, und sie sehen nichts mehr, wenn sie weg fliegen wollen, so ist es leicht, sie zu fangen.

Ein weiteres zum Thema.

Vermische Brechnuss unter Vogelfutter, sobald sie diese fressen, fallen sie in Ohnmacht, und es ist leicht, sie zu nehmen.

Um Tauben zu erhalten und zu züchten.

Hänge in den Taubenschlag einen Schädel eines Greises oder stelle Milch einer Frau, die eine zwei Jahre alte Tochter stillt, hinein; sei sicher, dass sich die Tauben

---

[14] Schrotkugeln für Kleintiere.

im Taubenschlag wohl fühlen und sie werden sich reichlich vermehren, auch durch fremde Tauben, die sie anziehen, und alle leben friedlich und ohne Zank zusammen.

Ein weiteres zum Thema.

Wenn du einen großen Taubenschlag hast, wo du den Tauben viel Futter bereitest, bereite die folgende Mischung, um zu verhindern, dass keine fortfliegt, und stattdessen andere einziehen. Nimm 30 Pfund Hirse, drei Pfund Kreuzkümmel, fünf Pfund Honig, ein halbes Pfund Schwarzkümmel, außerdem zwei Pfund Mönchspfeffersamen. Koche alles in Flusswasser bis alles zu einem Brei eingekocht ist, und gieße es mit drei oder vier Kannen guten Wein auf und gebe etwa acht Pfund gut pulverisierten, alten Kitt hinein, koche diese Mischung dann auf kleiner Flamme für eine halbe Stunde weiter. Du erhältst eine Masse mit all diesen Zutaten, die fest wird. Stell die Masse in die Mitte des Taubenschlags, und du wirst in kurzer Zeit für die Kosten, die du hattest, entlohnt werden.

Ein weiteres zum Thema.

Ich habe in den Schriften eines alten Kabbalisten gelesen, wie man verhindert, dass Schlangen und andere giftige Tiere weder bei Tag noch bei Nacht Tauben Schaden zufügen. Du musst mit Dachsblut in die vier Ecken des Taubenschlags und an die Fenster das Wort *Adam* schreiben, und bereite einen Duft aus Katzenpfötchen oder Huflattich. Es wird angenommen, dass der Kopf eines Wolfes, der im Taubenschlag hängt, einen ähnlichen Effekt hat.

Ein weiteres zum Thema.

Das Buch *das Landhaus* (Maison rustique) lehrt gute Praktiken, um Tauben richtig aufzuziehen und die Erfahrung lehr, dass man sie am besten mästet, wenn man einen Brei aus Saubohnen-Frikassee mit Kümmel und Honig hinzufügt.

Gegen lästige Hunde.

Du verhinderst ärgerliches Bellen, wenn du ein verdorrtes Herz und ein Auge eines Wolfes trägst, durch die große Antipathie zwischen Hund und Wolf. Diese hat man oft erprobt.

Ein weiteres zum Thema.

Weil der Biss eines tollwütigen Hundes unvorstellbar gefährlich ist, ist es gut, für schnelle Abhilfe vor fatalen Folgen dieses bösartigen Bisses zu sorgen. Zerstoße also Kohlsamen mit Laserkraut mit gutem Weinessig, mache ein Pflaster und lege es auf die Wunde. Die Wunde muss zuvor mit Balsamöl bedeckt und eingesalbt werden. Die frische Hagebuttenwurzel, die gut duftet, gut zerstoßen und aufgetragen, ist nach Plinius[15] ein schnelles Heilmittel gegen den Hundebiss ... gute naturkundige Autoren versichern, wenn man die Haare eines tollwütigen Tieres nimmt, sie verbrennt und die Asche in einem guten Wein trinkt, dies dir Heilung bringt ... Verbrenne Flusskrebse während der Hundstage, am 14. des Monats, wenn die Sonne in das Zeichen des Löwen eintritt. Zerreibe sie zu Pulver, gib davon eine halbe Drachme in eine Brühe und gib es dem Patienten morgens und abends für 14 Tage und er wird genesen. Galen versicherte, dass dieses Heilmittel noch nie in der Not versagte ... Ich empfehle jedoch, dass man sich nicht auf all diese Heilmittel verlassen sollte, das sicherste und bewährteste Mittel ist, im Meer zu baden, man kann aber diese kleinen Mittel unterwegs anwenden.

Gegen lästige Wölfe.

Trage das Auge und das Herz einer Dogge, die eines gewaltsamen Todes starb, so brauchst du nicht zu befürchten, dass sich dir ein Wolf nähert, und stattdessen wird er wie ein scheues Kaninchen fliehen ... Hänge den Schwanz eines Wolfes, der im Kampf gestorben ist, in eine Krippe oder in einen Stall für großes oder kleines Vieh auf, kein Wolf wird angreifen ... Die gleiche Wirkung hat es für ein ganzes Dorf, wenn man Stücke von einem Wolf in den Straßen vergräbt ... Ich habe in den

---

[15] Plinius der Ältere, ca. * 23; † 79, verfasste die naturwissenschaftliche Schrift *Naturalis historia*.

Schriften eines weisen Naturforschers eine sehr überraschende Methode gelesen, um Wölfe in großer Zahl zu ergreifen, auch ein ganzes Land zu befreien, das von ihnen heimgesucht wird. Man statte sich mit gutem Fisch aus, von der Art Tieren, die man Biemmi oder Seewölfe nennt. Behalte das Blut nach dem Ausweiden. Und nachdem sie gut abgeschuppt und gereinigt wurden, zerstoße man sie in einem Mörser mit Fleisch von Lämmern oder jungen Schafen. Nimm diese Mischung in die Gegend, wo man weiß, dass es Wölfe gibt. Man entzünde ein großes Kohlenfeuer gegen den Wind, das heißt, gegen den Wind in Richtung der Wölfe, so dass der Wind den Rauch, den die Mischung aus Fleisch und Fisch, die wir auf die Kohlen legen, von sich gibt, vor sich her treibt; den Rauch riechen die Wölfe und es zieht sie an diesen Ort, das bedeutet, wenn sie den gebratenen Köder gefunden haben, und sie ihn gefressen haben, so werden sie betäubt sein, und sie fallen in einen tiefen Schlaf, und es wird leicht sein, sie zu töten.

Es gibt so viele Bücher, die voller Geheimnisse sind, um sicher lästiges Vieh zu vertreiben, ich denke daher nicht, dass ich meinen kleinen Schatz unnötigerweise mit weiteren dieser Wunder anschwellen lassen sollte, da diese Arten von Geheimnisse jeder kennt. Ich werde daher merkwürdigere Dinge weitergeben, zur Zufriedenheit meiner Leser.

Gegen den Rausch des Weines.

Da der Mensch nichts achtbareres als den Verstand hat, und es oft durch übermäßigen Weingenuss passiert, dass er ihn verliert, ist es angebracht, einiges zur Verhütung des Verlustes und zu seinem Schutze wiederzugeben. Wenn du zu einer Mahlzeit eingeladen bist, und du fürchtest, der süßen Gewalt des Bacchus[16] zu erliegen, trinke zuvor zwei Esslöffel Betonienkrautwasser und einen Löffel gutes Olivenöl, und du kannst sicher Wein trinken ... Sorge dafür, dass das Glas oder die Tasse, in dem das Getränk serviert wird, nicht nach Bohnenkraut oder Nagelspänen riecht, weil diese beiden Ingredienzien wesentlich zur Trunkenheit beitragen ... Wenn man sich im Wein hat gehen lassen, muss der Mann seine Genitalien in ein Tuch wickelt, das in starken Essig getränkt wurde, und die Frau,

---

[16] Bacchus ist ein Beiname des Dionysos, der Gott des Weines und des Rausches.

die dem Rausch erlegen ist, legte ein ähnliches Tuch über ihre Brustwarzen, und der eine wie der andere kommt wieder zu Sinnen.

Um verdorbenen Wein wieder herzustellen.

Ich habe hundertmal erprobt, umgeschlagenen Wein in der folgenden Weise sich wieder erholen zu lassen. Kommt die Zeit der Weinlese, und die Trauben beginnen zu reifen, lese etwa hundert der reifsten und größten Trauben. Reinige ein Fass, lege zwei Arme voll Hobelspäne oder Späne guten Holzes hinein. Gieße über diese Späne den Saft der Trauben, die du mit der Hand zerdrückst, wirf dann alle Trauben auf die Späne und verschließe danach das Fass wieder und stelle es an seinen Platz. Gieße den umgeschlagenen Wein auf die Späne, und es werden keine drei Tage vergehen, bis er wieder in Ordnung ist und er wieder gut zu trinken ist.

Ein weiteres zum Thema.

Mache einen Sud aus folgenden Kräutern, von jedem eine Handvoll: Majoran, Thymian, Lorbeer, Myrte, Wacholderbeeren, Schalen einer Zitrone und einer Orange; koche alles in 20 Pinten[17] Wasser, bis es sich auf fünfzehn Pinten oder etwa auf die Größe des Fasses reduziert hat, welches du säubern musst, um deinen umgeschlagenen Wein aufzunehmen; waschen das Fass mit dem noch kochenden Aufguss gut aus und lass ihn einwirken; lege zwei Arme voll Holzspäne oder Hobelspäne hinein, welche du ebenfalls mit der Abkochung übergießt, du erhältst klaren Wein, so hat er sich verwandelt, lass ihn acht Tage auf den Spänen ruhen, und er wird besser sein als er war, bevor er umschlug.

Ein weiteres zum Thema.

Ich lernte von einem Hofmeister eines deutschen Prinzen eine andere Art kennen, schlechten und verdorbenen Wein wieder herzustellen. Man trockne im Ofen 50 gute Weintrauben[18] und einem halben Scheffel[19] Schalen süßer Mandeln, so dass

---

[17] In Frankreich war eine Pinte etwa 950 Milliliter.

[18] Hier sind wirklich Trauben gemeint, keine einzelnen Beeren.

[19] Ein Scheffel sind etwa 40 Liter. Je nach Region kann das Maß stark abweichen.

die Schalen ein wenig geröstet werden. Wenn alles im Ofen ist, schlage zwölf Eiweiße zu Eischnee und fülle dies in das Fass mit dem schlechten Wein und rolle es kurz, wirf dann die noch heißen Mandelschalen und die Rosinen hinein und lass den Wein acht Tage stehen, und du wirst einen schönen und guten Wein haben ... Wenn der Wein sauer geworden ist, macht man ihn mit Weizen wieder zurecht, den man so lange kocht, bis er platzt, davon den hundertste Teil, was das Fass fasst.

Um schnell einen ausgezeichneten Essig zu machen.

Man braucht einen guten, starken Wein, in den man langen Pfeffer und Sauerteig für Roggenbrot, der aber gut gesäuert sein muss, hinzu gibt. Er wird gut zu gebrauchen sein, wenn er sechs Stunden der Sonne oder der Ofenhitze ausgesetzt wird. Man kann auch Essig ohne Wein auf folgende Weise bereiten: nimm einen Pferdekarren voll wilder Birnen, zerdrücke sie gut, und lasse sie für drei Tage in einem Fass gären, gib dann in den nächsten 30 Tagen zwei Kannen Wasser, in dem du Ingwer und langen Pfeffer gekocht hast, jeden Tag hinzu; nach den 30 Tagen drücke die zerstoßenen Birnen aus, und du wirst einen guten Essig haben.

Um Likörweine herzustellen.

Lass uns jetzt vom Nützlichen zum Angenehmen übergehen und den Menschen durch liebliche Liköre erfreuen ... Um ausgezeichneten griechischen Wein herzustellen, mische auf hundert Kannen starken Wein folgende Abkochung: sechs Pfund guten Zucker, Ingwer, Galgant (Thai-Ingwer), Paradieskörner, Nelken, von jedem vier Unzen mit zwei Zitronenschalen; koche dies in sechs Pinten Quellwasser, bis alles auf die Hälfte reduziert ist, und nach dem man dies abgeklärt hat, gieße diese Zusammensetzung in das Fass mit den hundert Kannen starken Wein und du wirst einen feinen griechischen Wein haben ...

Für Muskatwein, nimm Süßholz, Tüpfelfarn, Anis, Muskatnuss, Calamus aromaticus, von jedem zwei Drachmen, zerstoße alles leicht, und fülle dies in einen Beutel aus feinem Leinen und hänge ihn in die Mitte des Fasses mit dem Weißwein. Der Beutel kann für zehn oder 12 Tage dort verbleiben, und du hast einen guten Muskatwein. Zur Menge der zuvor genannten Zutaten sollte das Fass nicht größer als ein Oxhoft-Fass[20] sein oder mehr als drei Eselslasten haben.

Für einen Malvasia-Wein[21], der bald getrunken werden sollte, setze auf einem Oxhoft-Fass oder auf drei Eselslasten folgende Zusammensetzung an: nimm vier Pfund guten, natürlichen und nicht künstlichen Honig, eine Drachme pulverisierte Nelken, ebenso viel Ingwer und Muskatblüte, koche alles zusammen für zwei Stunden in vier Pinten Quellwasser, und schäume alles sorgfältig ab; es ist notwendig, dass die pulverisierten Nelken, Ingwer und Muskatblüten in einem weißen Tuch gebunden sind; und wenn die Zusammensetzung fertig ist, hänge sie lauwarm auf halbe Höhe in das Fass, und lasse dies acht Tage ruhen, und du wirst guten Malvasia haben ...

Wenn du ihn ganz exquisit machen willst, nimm einen Schluck Moschus und Aloeholz, zwei Drachmen Zimt, Paradieskörner und Nelken, mit zwei Pfund guten Zucker, dies reicht für die Menge von hundert Kannen guten Wein, und lasse alles in vier Pinten Wasser kochen.

In kurzer Zeit einen ausgezeichneten Hypocras[22] zu machen.

Bereite auf vier Pinten Wein folgende Zutaten: ein Pfund feinen Zucker, zwei Unzen guten, grob zerkleinerten Zimt, eine Unze Paradieskörner, ebenso viel Kardamom und zwei Körner besten grauen Ambra, zerstoße alles in einem Mörser mit dem Kandiszucker; mache aus allen Zutaten einen klaren Sirup, den du reinigst, indem du alles zwei oder drei Mal durch Gaze treibst, mischen den Sirup mit vier Pinten hervorragenden Wein, und du wirst den besten Hypocras erhalten, den man trinken kann.

---

[20] Etwa 148 – 288 Liter.

[21] Rebsorte.

[22] Gewürzwein.

Um das wahre armenische Clairet-Wasser zu machen, das so wunderbar gegen die Schwächen des Herzens, des Kopfes und des Magens wirkt.

Nimm sechs Pfund der feinsten Schattenmorellen, die du bekommen kannst. Nachdem du Stiele und Kerne entfernt hast, setze sie auf den Herd in einen sauberen Topf mit einer Pinte Quellwasser und lass sie eine gute Stunde kochen. Presse alles durch ein Tuch oder Gaze, mache aus dem austretenden Saft ein Sirup, indem du folgendes hinzufügst, leicht zu Schrot zerstoßen: drei Pfund feinen Zucker, vier Unzen Zimt, eine Unze Nelken, eine gute Muskatnuss, eine Unze Paradieskörner, eine Unze Kardamom, vier Körner Moschus, ebenso viele Körner in einem Mörser mit Kandiszucker zerstoßenen grauen Ambra. Wenn der Sirup fertig und abgeklärt ist, mische ihn mit vier Pinten guten Branntwein in einem großen Glas, verschließe es gut und setze es für 14 Tage der prallen Sonne aus und du wirst ein hervorragendes Clairet-Wasser haben. Der Satz, der von den Zutaten zurückbleibt, ist gut zur Bereitung eines gewöhnlichen Hypocras, wenn man Zucker hinzu mischt und wie oben beschrieben verfährt.

Um liebliche Melonen zu machen, süß und von gutem Duft.

Nimm von einer guten Sorte die Melonensamen, lege sie für zwei Tage in ein Sirup aus Himbeeren, Zimt, Kardamom, zwei Körnern Moschus und ebenso viel grauen Ambra; der Sirup sollte nicht zu dick und handwarm sein, wenn du die Samen einlegst; den Boden, auf dem du sie säen willst, musst du gut mit einer Schicht guten Pferdemist vorbereiten, und sei mit dem Wässern sehr vorsichtig, und achte auf schwere Regenfälle. Wenn du dies genau befolgst, sind die Melonen dem Munde eines Königs würdig.

Um schöne reife Trauben im Frühling zu haben.

Du brauchst einen Kirschbaum, der an einem Spalier an einem sonnigen Platz und auf gutem Boden gepflanzt ist, und dem ein erfahrener Gärtner geschickt zwei oder drei gute Reben eines guten Weinstocks an einen Ast des besagten Kirschbaumes pfropft; achte mit großer Sorgfalt auf schlechtes Wetter am Ende des Winters und zu Beginn des Frühlings; spare nicht an gutem Mist oder Wasser, wenn es nötig ist, und man sieht, wenn die Kirschen reifen, etwas höchst Merkwürdiges.

Damit der Weizen wächst und gedeiht.

Nimm ein Pfund vegetabilisches Salz, das kunstgerecht aus Schwefelblume, Salpeter und Natron gemischt wird; gute Drogisten haben dieses Salz. Koche es in sechs Pinten Wasser mit zwei Pfund guten Weizen, bis der Weizen aufplatzt, passiere alles durch ein ganz sauberes Tuch, bis es klar ist, und gebe dem gekochten Weizen alle Feuchtigkeit zurück; lass danach in der aus dem Weizen erhaltenen Flüssigkeit so viel gutes Getreide wie möglich für 24 Stunden einweichen; wenn der Boden gut vorbereitet worden ist, sät man den eingeweichten Weizen und verteile den Trester, den man pulverisiert und zurückgehalten hat, auf dieser Erde, und du wirst die Erfahrung machen, dass der gesäte Weizen zwanzigmal so viel produziert, als der gewöhnliche Weizen. Es stimmt, dass man dies nicht zweimal auf dem gleichen Boden tun sollten, weil er so viel Fett verzehrt, dass er nichts mehr hervorbringen kann, wenn er nicht gut gedüngt wurde.

Um zu verhindern, dass Saat und Ernte von Tieren verdorben werden.

Nimm zehn große Krebse, und setzte sie in ein Gefäß mit Wasser und setzte dies 10 Tage lang der Sonne aus, besprenge die Saat acht Tage lang mit diesem Wasser; und wenn sie auskeimt, besprengen sie weitere acht Tage, und du wirst sehen, sie gedeiht wunderbar, und kein Tier, weder Ratten, Wiesel noch andere werden sich nähern können.

Zu erfahren, ob es im nächsten Jahr eine reiche Ernte gibt.

Zarathustra gibt ein altbewährtes Geheimnis preis, um die Fülle der Ernte für das folgende Jahr zu erfahren, mache folgendes: es sollte etwa um den fünfzehnten Juni sein, bereiten einen kleinen Acker Land vor, so wie du es gewöhnlich vor der Aussaat machst: säen alle Arten von Samen, und wenn in dieser Jahreszeit die

Hitze das Keimen und das Fortkommen der Saat beeinträchtigen könnte, so kannst du, während das Hundsgestirn am Horizont beginnen zu herrschen, beobachten, welche Samen besser gedeihen und sich am besten entwickeln; denn dieses Zeichen wird uns erfahren lassen, welche Saat zur Fülle kommt, die am besten gedeihen, und diejenigen, die nicht aus dem von dir vorbereiteten Feld sprießen, wird unfruchtbar sein. So kann der kluge Landwirt Maßnahmen ergreifen, um eine reiche Ernte zu bekommen.

Ein weiteres zu diesem Thema.

Beobachte im Frühjahr Nussbäume, denn wenn sie mit reichlich Laub und wenigen Blüten erscheinen, sei versichert, dass die Natur in der Verteilung ihrer Reichtümer geizig ist; wenn du stattdessen eine Fülle von Blüten am Walnussbaum siehst und diese die Menge der Blätter übertrifft, ist dies ein Vorzeichen für die Fruchtbarkeit. Die Alten kannten die gleiche Vorhersage mit Mandelbäumen.

Gegen Krankheiten und andere Gefahren, die das Leben der Menschen schaden.

Der Gestank ist von Natur aus der menschliche Gesundheit zu wider und ist manchmal tödlich. Bezeugt ist dies in der Schrift von Fioraventus[23], er sagt, wenn man den Schmutz des menschlichen Blutes nimmt, von dem man die seröse Flüssigkeit genommen hat und trocknet, dies mit Storax[24] vermischt und dies in einem Zimmer abbrennt, ist der Gestank, den es ausdünstet, tödlich. Gegen diese tödlichen Infektionen werde ich ein zuverlässiges Antidot wiedergeben, das alle Arten von Schlangengifte und sonstige Gifte überwindet.

Nimm Johanniskraut-Blätter zur Erntezeit, bevor er seine Blüten verliert, so viel wie du mit beiden Händen halten kannst. Mache daraus ein Gebräu mit vier Pfund Olivenöl und setzte es für zehn Tage der Sonne aus, setze es dann auf den Ofen in

---

[23] Mediziner aus dem 16. Jahrhundert.

[24] Harz, auch flüssiger Amber oder Balsam genannt, wird zum Räuchern verwendet.

ein warmes Marienbad[25] in heißes Wasser, presse dann den Saft mit einer Presse aus und fülle ihn in ein Gefäß oder in eine Flasche aus starkem Glas. Wenn das Johanniskraut geblüht hat und Samen trägt, gib eine Handvoll der Samen und der Blüten ins Glas und bringe dies in einem Marienbad für eine Stunde zum Kochen, gib dann 30 Skorpione hinzu, eine Otter und einen grünen Frosch, von dem du Kopf und Füße entfernen musst. Wenn das getan ist, muss es noch ein wenig weiter kochen, setze jeweils zwei Unzen der folgenden zerstoßenen oder gehackten Zutat hinzu: Enzianwurzel, weißer Diptam[26], kleiner und großer Thymian oder seine Wurzel, Blutwurz, Rhabarber, Tonheilerde, guten Theriak[27] und einen ein wenig pulverisierten Smaragd. Setzte alles während der Hundstage der Sonne aus, nachdem du es in einer Flasche gut verschlossen hast, und dann setze sie zum Gären für drei Monate in heißen Mist, und lass nach dieser Zeit diese Komposition durch ein Tuch laufen und bewahre dies sorgfältig in einem zinnernen Gefäß oder in einem starken Glas auf, um sich davon zu bedienen. Es hilft, wenn man sich um das Herz, die Schläfen, Nasenlöcher, an der Seite entlang der Wirbelsäule einreibt, und du wirst spüren, dass es ein Gegenmittel gegen alle Arten von Giften ist. Es ist auch gut, um die Bisse giftiger Tiere zu heilen.

---

[25] Ein Wasserbad; doppelwandiges Gefäß zur langsamen und schonenden Erhitzung empfindlicher Substanzen. Es soll von der antiken Alchemistin Maria die Jüdin erfunden worden sein.

[26] Aeschenwurz.

[27] Antikes Heilmittel, Universalheilmittel im Mittelalter in unterschiedlichster Zusammensetzung.

Die Talismane des Paracelsus.

Das große Ansehen, das Paracelsus durch seine profunden Kenntnisse in der Welt gewonnen hat, verleiht seiner schriftlichen Hinterlassenschaft große Autorität. Er versichert, als unzweifelhafte Tatsache, dass die Talismane, die nach seiner angegebenen Methode gefertigt werden, eine erstaunlichen Wirkungen für diejenigen hervorbringen, die sie anwenden; und dies habe ich selbst mit großer Bewunderung und sehr gutem Erfolg erprobt. So spricht er in seiner *Archidoxis Magica*[28]:

Niemand sollte die Vermessenheit besitzen zu bezweifeln, dass die himmlischen Sterne und Planeten dominierende Einflüsse auf alles im Universum haben, denn wie wir sehen und spüren, herrschen die Planeten durch ihren Einfluss, den sie auf den Menschen ausüben, der das Ebenbild Gottes ist und durch seine Vernunft bevorzugt ist; umso mehr sollten wir glauben, dass sie Metalle, Steine, und alles beherrschen und beeinflussen, das die Natur und die Kunst herstellen kann, da all diese Dinge weniger als der Mensch sind, und geeigneter sind, zu empfangen, ohne Widerstand, da sie den Einflüssen von Vernunft und freiem Willen beraubt sind; und der Mensch hat den Vorteil, dass er diese materiellen Dinge verwenden kann, um seinen Vorteil aus den Einflüssen der Sterne zu ziehen.

Wichtig aber ist zu wissen und zu beachten, dass die sieben Planeten durch nichts wirksamer beeinflussen, als durch die Vermittlung der sieben Metalle, denen sie zugehörig sind, das heißt, mit denen sie mit ihrer Substanz sympathisieren; und zu diesem Thema haben die weisen Kabbalisten durch Eindringen in ihre erhabenen Wissenschaften bestimmt, welche Metalle zu jedem Planeten gehören, sie bestimmten das Gold für die Sonne am Tag Sonntag, das Silber für den Mond am Montag, Eisen für Mars am Dienstag, das Quecksilber für Merkur am Mittwoch, Zinn für Jupiter am Donnerstag, Kupfer oder Erz[29] für die Venus am Freitag und Blei für Saturn am Samstag. Auf dieser Grundlage geben wir hier die Art wieder,

---

[28] Paracelsus zugeschriebenes Werk, um 1570. Die folgenden magischen Quadrate sind bereits in der „de occulta philosophia" von Agrippa von Nettesheim abgebildet, 1510 vollendet.

[29] Kann auch als *Bronze* gelesen werden.

die Talismane anzufertigen, welche die alten Weisen die *Siegel der Planeten* genannt haben.

FIGURES DES SEPT PLANÈTES.

SOLEIL · LUNE · MARS

MERCURE · JUPITER · VENUS

SATURNE

Figures des Talismans.

Talisman mit dem Siegel der Sonne.

Dieser Talisman muss aus dem schönsten und reinsten Gold hergestellt werden, welches aus Arabien oder Ungarn kommt; forme es zu einer runden Platte, auf beiden Seiten gut poliert, auf einer dieser Seiten graviere man ein Quadrat, bestehend aus sechs Zeilen von Zahlen, die Summe der Zahlen von einer Ecke in die nächste in der Form eines Andreaskreuzes ergibt immer 111, das ist das geheimnisvolle daran, und wir wollen sagen, dass die Zahlen auf allen Talismanen oder Planetensiegeln, die Zahlen der großen Sterne sind, welche unter der Herrschaft eines jeden Planeten stehen, welche ihnen Gott als ihre Untertanen zuteilte.

6	32	3	34	35	1
7	11	27	28	8	30
19	14	16	15	23	24
18	20	22	21	17	13
25	29	10	9	26	12
36	5	33	4	2	31

Und darum nennen diejenigen, die sich in der Astrologie auskennen, die Planeten Vorläufer oder Primärsterne, und schließen daraus, dass sie die andere unter ihrer Herrschaft zur Verbreitung ihrer Einflüsse haben. Auf der anderen Seite der Platte muss die hieroglyphische Figur des Planeten graviert werden, die einen gekrönten König auf seinem königlichen Thron zeigt, er hält in der rechten Hand ein Zepter, über dem Kopf steht die Sonne und der Name *Jupiter*[30] und mit seinem Zepter zeigt er auf einen brüllenden Löwen zu seinen Füßen. Und damit dieser Operation genau und unter gebührenden Bedingungen abläuft, lasse zwei sehr saubere Eisenstichel schneiden, um alles auf Gold zu gravieren, was ich oben gesagt habe, um dabei nicht den Augenblick der günstigen Konstellation zu verpassen, denn es

---

[30] Seltsamer Weise steht hier *Jupiter* und nicht Sonne, so auch in anderen Ausgaben.

ist erforderlich, dass die Prägung in der Zeit geschieht, wenn man beobachtet, dass die Sonne in Konjunktion mit dem Mond im ersten Grad des Löwen steht; und hat man auf beiden Seiten der Goldplatte mit dem vorgenannten Eisen gezeichnet, wickele die Platte schnell in ein dünnes Tuch ein. Was ich bereits über die beiden Eisenstichel gesagt habe, gilt ebenfalls, um die Talismane der anderen Planeten herzustellen, da das Bild während einer günstigen Konstellation erstellt werden muss; denn man muss wissen, dass in diesem Moment die Planeten ihre segensreichen Einflüsse in einer ganz geheimnisvollen und übernatürlichen Weise auf die Talismane verbreiten und prägen. Die Eigenschaften des Talisman der Sonne besteht darin, dass die Person, die ihn mit Vertrauen und Ehrfurcht trägt, das Wohlwollen der Mächtigen der Erde, das heißt Könige, Fürsten und großen Herren, gewinnt und ihnen angenehm erscheint; er wird Überfluss an Reichtum und Ehre haben, und man wird von aller Welt geachtet werden.

Talisman mit dem Siegel des Mondes.

Dieser Talisman muss aus dem reinsten Silber, das man finden kann, gefertigt werden. Mach daraus eine runde, gut polierte Platte. Auf der einen Seite graviere man neun Reihen mit Zahlen, die jeweils die geheimnisvolle Zahl 369 enthalten, wie es im Quadrat unten abgebildet ist.

Auf der anderen Seite der Platte druckt man das hieroglyphische Bild des Planeten, dies ist eine Frau mit einem weiten und ausgedehnten Gewand, die mit beiden Füßen auf der Mitte eines Halbmondes steht, und einen weiteren hält sie in ihrer rechten Hand, und ein funkelnder Stern steht über ihrem Kopf mit dem Wort *Mond*. Die Operation muss an einem Montag im Frühling durchgeführt werden, wenn der Steinbock im ersten Grad oder die Jungfrau in einem günstigen Aspekt mit dem Jupiter oder der Venus steht. Wickele auch diesen Talisman in ein weißes Tuch. Er wird sehr hilfreich sein, um vor Alltagsleiden zu schützen, er schützt Reisende vor Gefahren und Angriffe der Diebe, er ist vorteilhaft für Landsleute und Kaufleuten.

37	78	29	70	21	62	13	54	5
6	38	79	30	71	22	63	14	46
47	7	39	80	31	72	23	55	15
16	48	8	40	81	32	64	24	56
57	17	49	9	41	73	33	65	25
26	58	18	50	1	42	74	34	66
67	27	59	10	51	2	43	75	35
36	68	19	60	11	52	3	44	76
77	28	69	20	61	12	53	4	45

Talisman mit dem Siegel des Mars.

Dieser Talisman muss auf einer runden, polierten Platte aus dem besten Eisen aus Kärnten bereitet werden; die geheimnisvolle Zahl lautet 65; und auf der anderen Seite der Platte wird die hieroglyphische Figur des Planeten abgebildet, sie zeigt einen bewaffneten Krieger, der in seiner linken Hand ein Schild und mit der rechten ein bloßes Schwert hält, über seinem Kopf steht ein Stern, zusammen mit dem Namen *Mars*.

14	10	1	22	18
20	11	7	3	24
21	17	13	9	5
2	23	19	15	6
8	4	25	16	12

Erforderlich ist ein Instrument aus gut gehärtetem Stahl, mit dem dieser Talisman graviert wird. Graviert wird zu einer Zeit, da man beobachtet, wenn der Mond in einem guten Aspekt mit einem weiteren günstigen Planeten steht, wenn er im ersten Grade des Zeichens Widder oder Schütze eintritt; und außerdem ist es gut, wenn die Talisman-Platte in einen heißen Ofen gelegt wird, sie ist dann um so geeigneter, die geheimnisvollen Zeichen aufzunehmen, und wenn sie abgekühlt ist, wickele sie in ein Stück roten Taft. Dieser Talisman hat die Eigenschaft, dass er den, der ihn mit Ehrfurcht trägt, unverwundbar macht, er verleiht Stärke und außergewöhnliche Kraft, man wird in Kämpfen, in die man sich begibt, siegen. Wenn man den Talisman sorgfältig bereitet, wirkt der Planet Mars so wunderbar auf diesen, dass eine Festung uneinnehmbar wird, wenn er in dem Fundamenten vergraben wird, und diejenigen, die den Angriff unternehmen wollen, werden leicht in die Flucht geschlagen. Und wenn er gemacht wird, wenn die Konstellation von Mars in Opposition zu den günstigen und rückläufigen Planeten steht, bringt er Unglück wo auch immer du ihn hinbringst und er verursacht Zwietracht, Revolten und Bürgerkriege. Ich weiß, dass ein großer Staatsmann aus England einen solchen in der Zeit der Revolution von Cromwell nach England bringen ließ.

Talisman des Merkurs am Mittwoch.

Dieser Talisman wird auf einer runden Platte von festem Quecksilber bereitet (ich gebe unten eine Methode an, wie man das Quecksilber für den Talisman fixiert, wie ich es selbst erprobt habe.) Wenn die Platte gefertigt und poliert ist, graviere mit Eisen auf der einen Seite die mysteriöse Zahl 260, auf acht Zeilen verteilt, wie es hier angegeben ist.

Auf der anderen Seite der Platte graviere die hieroglyphische Figur des Planeten Merkur, sie repräsentiert einen Engel mit Flügeln auf dem Rücken und an den Fersen und er hält in seiner rechten Hand eine Zepter in der Form eines Äskulapstabs und über seinem Kopf steht ein Stern und der Namen *Merkur*. Präge die Figuren während man eine günstige Konstellation vor der Operation beobachtet. Und wenn dies abgeschlossen ist, wickele den Talisman in ein Stück purpurrote Seide.

8	58	59	5	4	62	63	1
49	15	14	52	53	11	10	56
41	23	22	44	45	19	18	48
32	34	35	29	28	38	39	25
40	26	27	37	36	30	31	33
17	47	46	20	21	43	42	24
9	55	54	12	13	51	50	16
64	2	3	61	60	6	7	57

Dieser Talisman hat die Eigenschaft, diejenigen, die ihn mit Ehrfurcht tragen, besonnen und wortgewandt zu machen, und er lässt einen in allen Arten von Wissenschaft in wunderbarer Art gelehrt erscheinen, und wenn wir diesen Talisman nur eine Stunde in einem Glas Malvasia tauchen, macht dies ein erfreuliches Gedächtnis, so dass alles mit Leichtigkeit behalten werden kann, und er kann sogar alle Arten von Fieber heilen, und wenn man ihn unter das Kopfkissen des Bettes legt, verhilft er zu wahren Träume, in denen wir sehen, was wir wissen wollen.

Talisman des Jupiters.

Dieser Talisman muss auf einer runden Platte aus reinstem Zinn aus England bereitet werden, auf der einer Seite wird die geheimnisvollen Zahl des Planeten, welches die 34 ist, auf vier Zeilen verteilt, graviert, wie hier dargestellt zu sehen ist.

16	3	2	13
5	10	11	8
9	6	7	12
4	15	14	1

Auf der anderen Seite der Platte wird die hieroglyphisch Figur des Planeten graviert, die einen Mann zeigt, der wie ein Priester gekleidet ist, in seinen Händen hält er ein Buch, in dem er zu lesen scheint, und über seinem Kopf steht ein glänzender Stern mit dem Wort *Jupiter*. Man beginnt die geheimnisvollen Figuren auf der Platte mit einem Eisen zu prägen, wenn man beobachtet, dass die Konstellation des Planeten günstig ist, so der Mond in dem ersten Grad der Waage tritt, während Jupiter in einem guten Aspekt mit der Sonne steht. Wenn die Operation beendet ist, wickele den Talisman in ein Stück Seide von himmelblauer Farbe. Dieser Talisman wird demjenigen, der ihn mit Ehrfurcht trägt, die Liebe und Güte von denen verschaffen, von denen er es sich wünscht. Seine Macht vervielfältigt und vermehrt die Dinge, in denen man ihn einwickelt. Er verhilft zu Glück bei Handel, bei Geschäften und bei allen Unternehmungen, er zerstreut Kummer, nagende Sorge und panischen Schrecken.

Talisman der Venus am Freitag.

Dieser Talisman muss auf einer sauberen, runden Kupferplatte gefertigt werden, die gut poliert ist. Man graviert auf der einen Seite die geheimnisvolle Zahl 175, auf sieben Zeilen verteilt, wie es hier dargestellt ist.

22	47	16	41	10	35	4
5	23	48	17	42	11	29
30	6	24	49	18	36	12
13	31	7	25	43	19	37
38	14	32	1	26	44	20
21	39	8	33	2	27	45
46	15	40	9	34	3	28

Und auf der anderen Seite der Platte ist die hieroglyphische Figur des Planeten geprägt, die eine verführerisch gekleidete Frau zeigt, neben ihrem rechten Oberschenkel steht ein Cupido, er hält einen Bogen und einen brennenden Pfeil, und die Frau hält in der linken Hand ein Musikinstrument gleich einer Gitarre und über ihrem Kopf steht ein glänzender Stern mit dem Wort *Venus*. Die Gravur wird mit einem Eisen gefertigt, zu einer Zeit, da man die Konstellation der Venus in einem guten Aspekt mit irgendeinem günstigen Planeten beobachtet, wenn der Mond in den ersten Grad des Stiers oder der Jungfrau eintritt. Wenn die Operation abgeschlossen ist, wickelt man den Talisman in ein Tuch aus grüner Seide. Und wer diesen Talisman mit Ehrfurcht trägt, der kann sich der Gunst derer sicher sein, von denen er es sich wünscht, und man wird glühend geliebt werden, sowohl von Frauen als auch von Männern. Er hat auch die Kraft, Todfeinde auszusöhnen, wenn sie eine Flüssigkeit trinken, in die er gelegen hat, so dass sie enge Freund werden; er macht auch sehr fleißig und geschickt in der Kunst der Musik.

Talisman des Saturns am Samstag.

Dieser Talisman wird auf einer runden, sehr sauberen und reinen Bleiplatte gefertigt, auf der einen Seiten wird die geheimnisvolle Zahl fünfzehn geprägt, verteilt auf die Reihen, wie sie hier dargestellt sind.

2	9	4
7	5	3
6	1	8

Auf der anderen Seite der Platte wird die hieroglyphische Figur des Planeten graviert, sie zeigt einen bärtigen alten Mann, er hält eine Sense und mäht über die Erde. Über seinem Kopf ist ein Stern mit dem Wort *Saturn*. Wir beginnen die Gravur der geheimnisvollen Figuren mit einem Eisen in dem Moment, wenn wir erwarten, dass der Saturn in einem günstigen Aspekt steht, wenn nämlich der Mond im ersten Grad des Stiers oder des Steinbocks eintritt. Und wenn die Operation abgeschlossen ist, wickele den Talisman in ein Tuch aus schwarzer Seide.

Dieser Talisman ist zum einen für Frauen bei einer problematischen Geburt eine große Hilfe, weil sie fast keine Schmerzen leiden, das habe ich mehrfach mit gutem Erfolg an Personen von hohem Stande erprobt, die für eine schlimme Niederkunft anfällig waren. Darüber hinaus vervielfacht und vermehrt er die Dinge, zu denen man ihn legt. Wenn ein Reiter ihn in seinem linken Stiefel trägt, wird sein Pferd sich nicht verletzen. Es hat aber eine gegenteilige Auswirkung, wenn man ihn zu einer Zeit fertigt, wenn die Konstellation des Saturns unheilvoll ist, und der Mond im oben genannten Zeichen abnimmt.

Methode, das Quecksilber zu bereiten, um Platten für Talismane zu fertigen.

Wähle einen Mittwoch im Frühling, wenn man weiß, dass die Konstellation des Merkurs in einem günstigen Aspekt mit Sonne und Venus steht. Nach der Anrufung und Beschwörung der Geister und Genien, die die Einflüsse dieses Planeten regieren, bereite man die notwendigen Zutaten in folgender Weise vor: Salmiak, Grünspan, römisches Vitriol[31], je zwei 2 Unzen gut pulverisiert; gib alles zusammen in einen Topf aus Eisen oder aus neuem Gusseisen, mit drei Pinten Stahlwasser[32], koche alles, bis es auf eine Pinte reduziert ist, gib zwei Unzen reines Quecksilber dazu, rühre dies gut mit einem Spatel um, während es kocht, bis diese Stoffe eindicken; lass es dann abkühlen, und filtere das wenige restliche Wasser ab. Am Boden des Topfes findet man eine Paste aus grauer Erde, die man mit gewöhnlichem Wasser zwei oder drei Mal auswäscht, indem man immer das Wasser abfiltriert und dann die Paste auf ein gut poliertes Stück Eiche verteilt und es von der Sonne trocknen lässt. Danach werden noch zwei Unzen terra merita[33] und ebenso viel pulverisiertes Alexandrinisches Tutie[34] dazugegeben, man gebe alles in einen Tiegel, der mit einem anderen Tiegel hermetisch verschlossenen wird. Sorge dafür, dass sie wie ein einziges Gefäß sind, ohne Öffnung, so dass nichts verdunsten kann, wenn er auf dem Läuterungsfeuer steht. Diese beiden Tiegel verkittet man mit einer Paste aus Tonerde, Pferdemist und fein pulverisierten Eisenfeilspäne; lege diese verkitteten Tiegel nicht eher in den Ofen, bevor die Mischung, die ihn zusammenhält, nicht gut getrocknet ist. Wenn der Tiegel eine Stunde im Ofen erhitzt wurde, verstärke die Hitze bis der Tiegel rot glüht. Fache in der dritten Stunde das Feuer weiter an, indem man es anbläst, lass dann den Tiegel abkühlen, und brich den Kitt auf, dann findet man am Boden das Quecksilber als Frosch. Sammele alles auf, einschließlich der kleinsten Körner, gib alles mit ein wenig Borax in einen anderen Tiegel, um es zu schmelzen, und wenn das getan ist,

---

[31] Eisenvitriol oder Eisensulfat.

[32] Das Löschwasser der Schmiede, fr.: "Eau de forge", "... ist auch dergleichen Wasser, welches einige salzige und vitriolische Theile bekommen hat, den Leib stopfet und den Urin abführt. (aus: Oeconomischen Encyclopädie (1773 – 1858) von J. G. Krünitz)

[33] Pflanze aus Indien u. a. Kurkuma oder gelber Ingwer.

[34] Zinkoxyd (Zinkblume), auch Nihil album (Weißes Nichts) genannt.

hat man sehr schönes   fixiertes, sehr sauberes Quecksilber, das wegen seiner Reinheit geeignet ist, Ringe und Talismane mit mysteriösen Eigenschaft, herzustellen, um den guten Einfluss des Planeten Merkurs anzuziehen, vorausgesetzt, man weiß sorgfältig nach den Regeln der Kunst zu arbeiten.

Um weitere Talismane anzufertigen, mit Charakteren, die die alten Kabbalisten den sieben Planeten zugeordnet haben.

Man verwendet die gleichen Metallplatten, die bereits erwähnt wurden, und man beginnt die Operation in der für die günstigen Einflüsse geeigneten Stunde und Minute. Auf der einen Seite der Platte graviert man in der Form eines Quadrates die Charaktere, die weiter unten angegeben sind, das heißt, für die Sonne diejenigen, die in der ersten Zeile gefunden werden. Für den Mond, diejenigen, die in der zweiten Zeile gefunden werden. Für den Mars solche, die in der dritten Zeile zu finden sind. Für den Merkur solche, die in der vierten Zeile gefunden werden. Für Jupiter diejenigen, die in der fünften Zeile gefunden werden. Für die Venus solche, die in der sechsten Zeile gefunden werden. Für den Saturn diejenigen, die in der siebenten Zeile gefunden werden. Man kann auf der anderen Seite der Platte die gleichen hieroglyphischen Zeichen gravieren, von denen wir bereits sprachen, und man wird eine wunderbare Wirkung erleben. Ich habe keinen Zweifel daran, dass mein Buch, wenn es in die Hände von Menschen fällt, die kleingeistig sind und nur geringe Fachkenntnisse haben, für ein abergläubisches abgestempelt wird, weil sie sich einbilden, dass die prächtigen Wunder, die ich behandele, durch die Dienste böser Geistern hervorgebracht werden, denn sie sagen, wie können wir begreifen, dass eine Metallplatte mit einigen Zeichen und Figuren in der Lage ist, Dinge zu bewerkstelligen, die über die gewöhnlichen Kräfte der Natur hinausgehen? Gerne würde ich diesen Menschen entgegnen und sagen: Ihr glaubt also, dass böse Geister diese Dinge tun können, die die normale Ordnung der Natur übertreffen? Aber warum glaubt ihr nicht, dass der Schöpfer des Universums mächtig genug ist, den Geschöpfen die Geheimnisse einzugeben, deren Schlüssel nur in dieser oder jener Weise zu finden sind? Warum fällt es euch schwer anzuerkennen, dass er, der dem Magneten die geheimnisvolle Kraft verliehen hat, schweres Eisen über eine Entfernung anzuziehen, nicht auch mächtig genug ist, um den Sternen, die unendlich vollkommenere Geschöpfe sind als der Magnet und alles, was es an Wertvollem auf Erden gibt, Eigenschaften und Kräfte beizugeben, die das Vermögen unseres Verstandes überschreiten, zumal die Sterne von Intelligenzen regiert werden, die ihre Bewegungen regieren?

Aber wie schwer kann es sein zu glauben, dass bestimmte Zeichen oder bestimmte Charaktere, die auf einer Metallplatte angeordnet sind, solch überraschende Effekte hervorrufen können, da wir glauben und deutlich erkennen, dass Magnete von bestimmten kleinen Partikeln von kugelförmiger, spitzer oder dreieckiger Art sind[35], die in der Natur in einer bestimmten Ordnung erscheinen und wundervolle Wirkungen erzeugen, nicht nur um eine Masse Eisen anzuziehen, sondern auch um die Kompassnadel zum Polarstern zu bewegen und die Sonnenuhr zu stellen, etc ...

Ich möchte diese pingeligen Leute recht gerne fragen, warum in der Schweiz und im Allgäu, wo es wegen der Berge viele Schlangen gibt, diese Schlangen griechisch verstehen, und sie aus Angst um ihr Schicksal wegen dieser drei wirksamen Worten: osy, osya, osy[36] – sofort ihr Ohr mit der Spitze ihres Schwanzes bedecken und das andere gegen den Boden verschließen[37], so dass sie bloß nicht diese Worte hören, weil sie sonst unbeweglich und ganz steif werden und außerstande sind, dem Menschen zu schaden? Wenn ich sage, es ist die Natur, die diesen Instinkt hervorbringt, warum ist die Natur bei anderen Kreaturen weniger erfinderisch? etc ...

---

[35] Nach der Atom-Lehre Demokrits erscheinen Atome in Gestalt einer Kugel, eines Zylinders, einer Pyramide oder eines Würfels.

[36] Diese Geschichte zur Schlangenabwehr stammt aus Pseudo Paracelsus, "Archidoxis magicae, libri VII".

[37] Die meisten Schlangen sind (nahezu) taub. Außenohr und Gehörgänge haben sie jedenfalls nicht, die sie sich verschließen können.

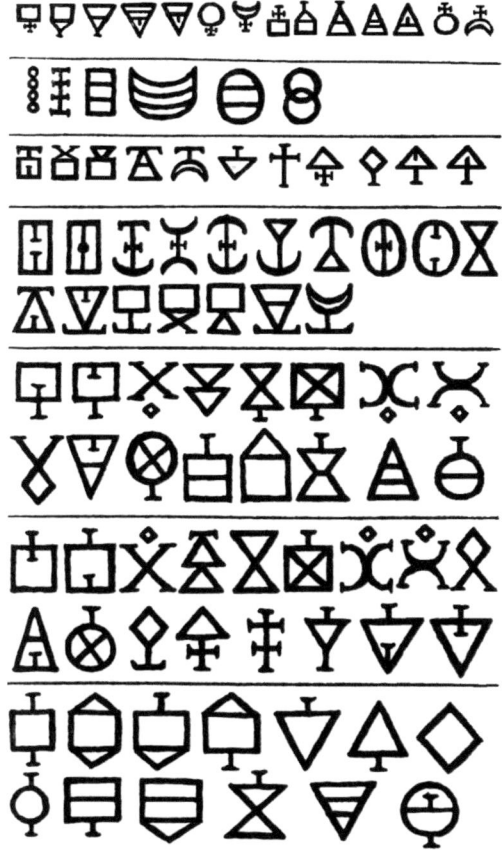

Vielleicht bringe ich die Leute gegen mich auf, wenn ich sage, dass es Kreaturen in den vier Elementen gibt, die weder völlig Tier noch Mensch sind, obwohl sie die Gestalt und das Denken haben, jedoch ohne eine vernünftige Seele. Der berühmte Paracelsus spricht deutlicher und sagte, dass diese Wesen der Elemente nicht aus dem Stamm Adam sind, auch wenn sie wie echte Menschen erscheinen, aber es sind Wesen von ganz andere Art und Weise als wir. Porphyrios[38] geht noch weiter als Paracelsus und sagte, dass diese Kreaturen nicht nur vernünftig sind, sondern auch in der Ausübung einer Religion Gott verehren und erkennen und zum Beweis seiner Worte berichtet er von einem sehr erhabenen und sehr geheimnisvollen

---

[38] Porphyrios, antiker Philosoph und Gelehrter, * 233; † zwischen 301 und 305.

Gebet jener Kreaturen, die im Element Feuer leben, die man Salamander nennt. Vielleicht werden meine Leser an einer Abschrift Gefallen finden, die ich ihnen hier zukommen lasse, die im Folgenden noch nützlich sein wird.

Das Gebet des Salamanders.

Unsterblicher, ewiger, unaussprechlicher und Heiliger Vater aller Dinge, der du fährst auf deinem Wagen ständig um die Welten, die sich unaufhörlich drehen. Herrscher der himmlischen Welt, wo der Thron deiner Macht steht, deine Augen sehen alles, und deine heiligen Ohren hören alles. Höre deine Kinder, die du seit der Geburt der Jahrhunderte geliebt hast, denn deine beständige und große und ewige Herrlichkeit strahlt über die Welt und den Sternenhimmel. Über diese bist du erhaben, oh funkelndes Feuer, und du entzündest und durchdringst mich mit deinem Glanz, und es verbleibt deine Essenz unerschöpflicher Ströme von Lichtern, die deinen ewigen Geist nähren. Dieser Geist bringt alle Dinge hervor und erschafft diesen unerschöpflichen Schatz Materie, die der Zeugung nicht fehlen darf, welches ihn stets in unzähliger Form, die du seit Beginn erfüllst, umgibt. Aus diesem Geist entspringen die allerheiligsten Könige, die um deinen Thron stehen, und die deinen Hofstaat bilden, oh universeller Vater, oh Einziger, oh Vater der glückseligen Sterblichen und Unsterblichen! Du hast insbesondere Mächte geschaffen, die wunderbar sind, ähnlich deines ewigen Geistes und deiner anbetungswürdigen Essenz. Du hast sie höher als die Engel gestellt, die der Welt deinen Willen verkünden. Schließlich hast du in den Elementen eine dritte Art von Herrschern erschaffen. Unsere ständige Aufgabe ist es, dich zu preisen und dich nach deinen Wünschen zu verehren. Wir brennen vor Verlangen, dich zu besitzen. Oh Vater! Oh Mutter, die zärtlichste aller Mütter! Oh wundervolles Beispiel für mütterliches Gefühl und Zärtlichkeit. Oh Sohn, die Blume aller Söhne! Oh Gestalt aller Gestalten! Seele, Geist, Harmonie und Zahl aller Dinge, beschütze uns und wir bleiben dir hold. Amen.

Doch alle antiken Philosophen und auch die modernen aus unseren letzten Jahrhunderten, die davon überzeugt sind, dass die vier Elemente durch vernünftige Wesen bewohnt sind, teilen sie folgendermaßen ein: Das Element Feuer wird von den Salamandern bewohnt; das Element der Luft wird durch die Sylphen bewohnt, das Element Wasser von wird von den Nymphen bewohnt, und das Element der

Erde wird von den Gnomen oder Pygmäen bewohnt. Und sie glauben, dass diese Kreaturen vom Schöpfer gemacht wurden, um den Menschen wichtige Dienste zu leisten und zu bestrafen, wenn sie seinem Willen ungehorsam sind.

Man sagt, dass diese außergewöhnlichen Geschöpfe von geistiger Natur sind, nicht einer Geistlichkeit, die alles Materielle ausschließt, sondern eine Geistlichkeit, die einen wesentlichen Grundstein für eine unendliche, losgelöste Materie legt, die nicht wahrnehmbar ist, wie die Luft. Auf diesem Prinzip, sagten die weise Kabbalisten, die die Natur dieser elementaren Wesen kannten, haben sie außer allen anderen Eigenschaften Agilität und Durchdringlichkeit, so dass sie sogleich aus der Ferne zur Rettung der Menschen an die Orte, an denen Menschen gefangen sind, vordringen können, wo ihre Dienst benötigt werden.

Was ihre Bräuche anbelangt, so leben diese Völker sehr geregelt nach den Naturgesetzen, sie sind großen Feinde der Menschen, die in Regellosigkeit und gegen das Licht der Vernunft leben. Und nach diesem Prinzip haben die weisen Kabbalisten, die die Lehren aufgestellt haben, nach denen man zur Entdeckung der Geheimnisse der okkulten Philosophie gelangen kann, den Anhängern dieser erhabenen Wissenschaft empfohlen, als sittsame Menschen zu leben, frei von jede Verunreinigung und von jeglicher Ausschweifung und fern von allem, was von der rechten Vernunft abweicht; allein schon weil die größten Wunder von den okkulten Wissenschaften abhängen; diese geschehen durch die Vermittlung dieser Elementarwesen wie durch Kanäle, oder besser gesagt, durch die Verwaltung der Einflüsse gütiger Sterne.

In den vergangenen Jahrhunderten, wo man in größter Mäßigung der Leidenschaften und in geringer Verderbnis mit der Natur lebte, hatten diese Elementarwesen weit öfters Verkehr mit den Menschen, als in den letzten Jahrhunderten, und man sah Wunder, die großes Erstaunen einflößten, weil sie die natürliche Ordnung außer Kraft zu setzen schienen. Wenn aber auch nicht die Verderbnis der Natur herrschte, so war die Unwissenheit so groß, dass die meisten Menschen Magie und Teufelei in fast all den Werken sahen, die von diesen Elementarwesen bewerkstelligt wurden, was man in den Kapitularien Karl des Großen sehen kann und in den Werken, die während der Regentschaft von Pepin[39]

---

[39] Auch Pippin der Jüngere, *714; † 768, König der Franken aus dem Haus der Karolinger, Vater von Karl dem Großen.

erstellt wurden; und die Wunder, von denen die Geschichten aus alter Zeit erzählen, gelten nun als Märchen. Ich verweise meine Leser, die mehr über diese Elementarwesen erfahren wollen und über den geheimen Verkehr, den sie mit den Menschen haben, auf die gelehrten Schriften des Paracelsus. Diejenigen, die zu den nördlichen Ländern gereist sind, und vor allem in Lappland waren, können die Dienste nicht ignorieren, die die Gnome den Bewohnern dieser Regionen leisten, sei es, indem sie vor den Gefahren bei der Arbeit gewarnt werden, wenn ein Erdrutsch droht oder indem sie sie wissen lassen, wo die ergiebigsten Minen mit wertvollen Metallen sind.

Die Lappen sind die häufigen Erscheinungen der Gnome gewohnt, und sie sind weit davon entfernt, sich vor ihnen zu fürchten; sie sind betrübt, wenn sie in den Minen arbeiten und sie ihnen nicht erscheinen, weil es ein Zeichen dafür ist, dass die Minen, wenn die Gnome dort nicht wohnen, ohne Metall sind. Es ist allgemein bekannt, dass der Schöpfer ihnen die Bewachung der unterirdischen Schätze anvertraut hat, und sie haben das Recht, darüber zu verfügen, wie sie es für richtig halten.

Diejenigen, die mit der Entdeckung von Gold und Silberminen beschäftigt sind, kennen einige Zeremonien, um die Gunst der Gnome zu erlangen, damit sie sich nicht gegen ihr Unternehmen stellen. Die Erfahrung hat sie gelehrt, dass sie starke Düfte mögen, und deshalb haben die weisen Kabbalisten für jeden Tag der Woche in Beziehung zu den sieben Planeten besondere Düfte ausgewiesen. Wie ich aus Erfahrung weiß, haben mehrere Menschen Schätze durch Düfte entdeckt, deshalb gebe ich hier für meine Leser die wahre Methode wieder, diese herzustellen, damit sie den Gnomen, den Hütern der Schätze, wohlgefällig sind. Man sollte wissen, dass es keine Kreatur unter den vier Elementen gibt, die erfindungsreicher sind, um den Menschen Gutes oder Böses zu tun, als die Wesen, die hier behandelt wurden, je nach dem, welchen Grund man ihnen gibt.

Der Duft des Sonntags, unter der Herrschaft der Sonne.

Alle Düfte sollten in einem kleinen, neuen, irdenen Stövchen auf Holzkohle aus Haselnuss oder Lorbeer gemacht werden. Um zu räuchern, entzündet man das Feuer zu diesem Zweck, indem man es mit einem kleinen Flintenstein anschlägt. Beachte, dass der Stein, Lunte, Zündholz und Kerze neu sein müssen und noch nicht zu profanen Zwecken verwendet wurden, denn die Gnome sind äußerst mäkelig, und lassen sich bereits durch Kleinigkeiten reizen. Nimm also für den Duft des Sonntags folgende Zutaten, nämlich den vierten Teil einer Unze Safran, ebenso viel Aloeholz, ebenso viel Balsamholz, ebenso viele Lorbeersamen, ebenso viele Nelken, ebenso viel Myrte, ebenso viel guten Weihrauch, ein Korn Moschus, ein Korn Ambra. Alle Zutaten müssen pulverisiert und vermischt werden. Bilde daraus kleine Kugeln mit ein wenig Traganth[40], das in Rosenwasser angerührt wurde, und wenn sie vollständig trocken sind, so verwende sie bei Gelegenheit, indem du sie je zu dritt auf glühende Kohlen wirfst.

Der Duft des Montags, unter der Herrschaft des Mondes.

Dieser Duft muss aus den folgenden Zutaten hergestellt werden. Nimm den Kopf eines grünen Frosches, die Pupillen aus den Augen eines weißen Stieres, Samen vom weißen Mohn, besten Weihrauch wie Storax, Benzoeharz oder Olibanum und ein wenig Kampfer, pulverisiere all diese Zutaten und vermische sie, mache dann eine Paste mit dem Blut einer jungen Gans oder einer Turteltaube und forme aus dieser Paste kleine Kugeln und verwende sie je zu dritt, wenn sie vollständig trocken sind.

Der Duft des Dienstages, unter der Herrschaft des Mars.

Dieser Duft besteht aus Wolfsmilch (Euphorbia)[41], Bedolachharz, Salmiak, Nieswurzel, Magnetit-Pulver und ein bisschen Schwefelblume. Pulverisiere alles und mache eine Paste mit dem Blut einer schwarzen Katze und Rabenhirn, forme aus dieser Paste kleine Kugeln und verwende sie bei Gelegenheit je zu dritt.

Der Duft des Mittwochs, unter der Herrschaft des Merkurs.

Dieser Duft besteht aus Esche-Samen, Aloeholz, gutes Storax, Benzoeharz, Azurpulver, Pfauenfedern-Spitzen. Pulverisiere alles und gib diese Zutaten

---

[40] Gummiartiger Pflanzenstoff, Dickungsmittel.
[41] Eine Pflanze aus der Familie der Wolfsmilchgewächse.

Schwalbenblut und etwas Hirschgehirn hinzu; mache daraus eine Paste und forme daraus kleine Kugeln und verwende sie bei Gelegenheit je zu dritt, wenn sie trocken sind.

Der Duft des Freitags, unter der Herrschaft der Venus.

Dieser Duft besteht aus Moschus, grauen Ambra, Aloeholz, getrocknete Rosen und Korallenrot. Pulverisiere alle Zutaten und vermenge sie mit dem Blut einer Taube oder Turteltaube und dem Gehirn von zwei oder drei Sperlingen, mache daraus eine Paste und forme daraus kleine Kugeln und verwende sie bei Gelegenheit zu je zu dritt, wenn sie trocken sind.

Der Duft des Samstags, unter der Herrschaft des Saturns.

Dieser Duft besteht aus schwarzen Mohnkörnern, Bilsenkrautsamen, Alraunwurzel, Magnetit-Pulver und guter Myrre. Pulverisiere alle Zutaten gut und gib Blut einer Fledermaus und das Gehirn einer schwarzen Katze hinzu, mache daraus eine Paste und forme daraus kleine Kugeln und verwende sie bei Gelegenheit je zu dritt, wenn sie trocken sind.

Wir sagten, bevor wir die Methode vorgestellt haben, wie man diesen Düften bereitet, dass die Gnome von allen Wesen, die den vier Elementen innewohnen, diejenigen sind, die die erfindungsreichsten sind, um den Menschen Gutes oder Böses zu tun, je nach dem, welchen Grund man ihnen gibt. Deshalb seien all diejenigen gewarnt, die in Bergwerken arbeiten oder nach Schätzen suchen, alles für ihre Annehmlichkeiten zu tun, und Vorkehrungen gegen ihren Unwillen zu treffen. Die Erfahrung hat mehrere Male gezeigt, dass Eisenkraut und Lorbeer von gutem Nutzen sind, um zu verhindern, dass die Gnome die Arbeit derer schaden, die damit beschäftigt sind, unterirdische Schätze zu suchen. Hier folgt nun, wie Jamblich[42] und das Arbatel über die kabbalistischen Geheimnisse sprechen:

Wenn es natürliche oder übernatürliche Anzeichen gibt, das heißt, wenn man durch die Offenbarung eines Traumes sicher sein kann, wo ein Schatz zu finden ist, bereite einen Duft zu diesem speziellen Tag, an dem du graben möchtest, stelle

---

[42] Iamblichos von Chalkis, * ca 240; † ca. 320, Philosoph aus dem heutigen Syrien.

dann rechter Hand einen grünen Lorbeerzweig und zur linken einen Eisenkrautzweig auf, und grabe die Erde zwischen den beiden Zweigen auf, und wenn du in einer Tiefe deiner Körpergröße bist, mache aus diesen beiden Zweigen eine Krone, lege sie um deinen Hut oder deine Mütze, und befestige auf der Krone den Talisman, den ich hier als Abbildung wiedergebe. Ist man zu mehreren Leuten, ist es notwendig, dass jeder eine Krone wie diese hat.

Man kann ihn auf eine feine, gut gereinigte Zinnplatte bereiten, am Tag und in der Stunde des Jupiters, wenn die Bedingung am Himmel günstig ist. Bilde auf der einen Seite die Gestalt der Fortuna ab, wie sie hier gezeigt wird und auf der anderen Seite diese Worte, in großen Buchstaben[43]:

---

[43] Auch: Amouzin Albomatatos, Amousin Albomatatos, Omouzin Albomatatos ...

OMOUSIN ALBOMATATOS.

Und wenn man mehrere Tage braucht, um an den Ort des Schatzes zu gelangen, erneuert man jeden Tag den Duft, der zu dem jeweiligen Tag gehört, wie wir es zuvor erklärt haben. Diese Vorsichtsmaßnahmen bewirken, dass die Gnome, die Hüter des Schatzes, dir nicht schaden und sogar bei deinem Unternehmen helfen. Einen Beweis fand ich in dem alten Schloss von Orvieto[44], wo ich Augenzeuge des glücklichen Erfolges wurde.

Ich habe bereits zuvor von den natürlichen Anzeichen gesprochen, durch die man Schätze entdecken kann, und werde mich nun deutlicher erklären. Paracelsus sagt in seinem Traktat der okkulten Philosophie auf Seite 489, um sichere Anzeichen

---

[44] Stadt im Südwesten Umbriens, Italien.

über den Ort zu erhalten, wo es Schätze und versteckte Reichtümer gibt, müsse man über Nacht Gespenster oder Geistererscheinungen beobachten, oder etwas anderes Außergewöhnliches geht vor sich und diejenigen, die an diesem Orten vorübergehen oder leben, erschreckt, vor allem in der Nacht von Freitag auf Samstag. Wenn man dort Irrlichter sieht, Lärm und Gepolter oder etwas ähnlich hört, kann man zu dem Schluss kommen, dass an diesem Ort ein Schatz verborgene ist.

Aber der kluge Mensch wartet nicht darauf, und lässt sich nicht von Berichten anderer, vor allem von Bettlern oder alten Weibern, in Erstaunen versetzen, die mit Hirngespinsten ehrliche Leute zu unnötigen Suchen verleiten. Verlass dich bei dieser Art der Suche nicht auf die Aussage von Menschen, die in diesem Punkte suspekt sind, das heißt, sondern auf die, die rechtschaffen und von einem soliden Charakter sind. Weit sicherer ist es, selbst solche Visionen zu erfahren, während man sich an solchen Orten aufhält.

Jedoch sollten wir jene nicht völlig zurückweisen, die uns diese Arten von Berichten liefern, aber wir sollten die Umstände sorgfältig prüfen, wovon ich selbst Zeuge geworden bin: hätte man auf Philippe Ornano gehört, Oberster Wundarzt der kleinen Garnison der alten Burg von Orvieto, hätten wir von dem Vorhaben abgelassen, welches wir aber zu einem glücklichen Ende führten. Denn er war ein großer Redner und sehr überzeugend in dem, was er sagte. Er verspottete den Bericht einiger Diener und Soldaten über einen Ort, wo doch ein Schatz gefunden wurde.

Wer die Suche nach einem angeblich versteckten Schatz durchführt, muss die Eigenschaften des Ortes prüfen, nicht nur hinsichtlich der gegenwärtigen Situation, sondern auch auf das, was die alten Geschichten über ihn sagen. Denn man muss beachten, dass es zwei Arten von verborgenen Schätzen gibt. Die erste Art ist Gold und Silber, die in den Eingeweiden der Erde durch die metallische Kraft der Sterne und der Erde dort gebildet werden, wo sie liegen. Die zweite Art ist Gold und Silber – geprägt oder von einem Goldschmied verarbeitet – welches aus verschiedenen Gründen, wie Kriege, Pest usw. im Boden vergraben wurde. Dies muss der weise Schatzsucher untersuchen, indem er die Umstände des fraglichen Ortes betrachtet. Diese Arten von Schätzen aus Gold und geprägtem Silber oder Goldschmuck wird in der Regel häufig in den Trümmern und Ruinen alter, ehrwürdiger Häuser und Schlösser oder bei alten Kirchen oder eingestürzten Kapellen gefunden. Die Gnome erheben keinen Besitzanspruch auf diese Art Schätze, nur wenn die, die diese an diesen unterirdischen Orten vergraben haben, die Gnome freiwillig durch die Kraft der entsprechenden Düfte und Talismane eingeladen haben. Bei dieser Vermutungen müssen wir sie durch stärkere Düfte und Talismane, als wir gesagt haben, vertreiben; diejenigen, die unter der Herrschaft des Mond und des Saturns bereitet werden, sind am wirkungsvollsten, wenn der Mond in das Zeichen Stier, Steinbock oder Jungfrau eintritt.

All diejenigen, die bei der Suche tätig sind, dürfen nicht ängstlich sein, denn es kommt nicht selten vor, dass die Gnome, Hüter der Schätze, die Imagination der Arbeiter durch abscheuliche Darstellungen und Visionen fesseln. Es sind aber Ammenmärchen aus vergangenen Zeiten, die erzählen, dass sie diejenigen erwürgten oder erschlugen, die sich den Schätzen näherten, die sich in ihrem Gewahrsam befanden. Wenn einige bei der Suche in den unterirdischen Hohlräumen umgekommen sind, so kann dies durch Ausdünstungen dieser Orte geschehen sein oder durch die Unachtsamkeit der Arbeiter, weil sie dort, wo sie gruben, nicht gut abstützen, so dass sie unter den Trümmern begraben worden sind. Es ist Kinderei, wenn gesagt wird, dass wir ruhig sein müssen, wenn wir graben. Im Gegenteil ist dies ein Grund, durch fantastische Vorstellungen sehr erschreckt zu werden, so können wir ohne Skrupel von gleichgültigen Dingen sprechen oder sogar singen, vorausgesetzt, man spricht nicht von Ausschweifungen oder Unkeuschem, was die Geister reizen könnte.

Wenn man bei fortschreitender Arbeit mehr Lärm als zuvor vernimmt, braucht man keine Angst zu haben, aber man muss den Duft verdoppeln und einer aus der Gesellschaft rezitiert laut das Gebet des Salamanders, das ich oben angegeben habe. Dadurch verhindert man, dass die Geister den Schatz versetzen, denn ihre Aufmerksamkeit ist auf die geheimnisvollen Worte gelenkt, die man vorträgt, und im Namen des Herrn muss man energisch die Arbeit verdoppeln. Ich sage nichts, was nicht mit Erfolg in meiner Gegenwart erprobt wurde. Das kleine Buch Enchiridion[45] ist bei diesen Gelegenheiten gut, allein wegen seiner geheimnisvollen Gebete.

---

[45] Gebetbuch.

Es ist manchmal vorgekommen, dass die Gnome Edelmetalle in wertlose und schmutzige Materialien umgewandelt haben, und die Unwissenden täuschten, die sich nicht über ihre List kundig gemacht haben. Aber die weisen und vorsichtigen Schatzgräber, die in den Eingeweiden der Erde solche Materialien finden, die gewöhnlicher Weise dort nicht sein sollten, sammeln diese und prüfen sie in einem Feuer, das aus Lorbeerholz, Farn und Eisenkraut besteht. Der Zauber wird auf diese Art vertrieben und das Metall kehrt zu seiner früheren Natur zurück. Ein ziemlich gewöhnliches Zeichen für eine solche scheinbare Verwandlung ist, wenn du diese wertlosen und schmutzigen Materialien in einem Gefäß aus Ton, Stein oder Bronze findest; man darf sie nicht vernachlässigen, sondern im Feuer prüfen, wie ich es gerade gesagt habe.

Ich werde diese Angelegenheit mit dem Geheimnis beenden, das uns Cardan[46] überliefert hat, um zu erkennen, ob ein vergrabener Schatz an dem Ort ist, an dem wir graben. Er sagt, es muss eine große Kerze aus menschlichem Talg gemacht werden, die in einem Stück Haselnussholz eingepasst ist, in der Art, wie es im Folgenden dargestellt ist. Wenn die Kerze an dem unterirdischen Ort entzündet wird, gibt es eine Menge Lärm mit knisternden Blitzen, dies ist ein Zeichen, dass ein Schatz an diesem Ort ist, und desto nähern wir dem Schatz kommen, desto mehr wird die Kerze knistern, und schließlich wird sie verlöschen, wenn er ganz in unserer Nähe liegt. Deshalb musst du andere Kerzen in den Laternen haben, um nicht ohne Licht zu sein. Wenn du gute Gründe hast zu glauben, dass Geister von Verstorbenen den Schatz bewachen, ist es gut, gesegnete Kerzen zu haben, statt gewöhnliche Lichter und sie im Namen Gottes beschwören, ob man etwas tun kann, dass ihnen ihre Ruhe an diesem Orte verschafft; und man darf nie versäumen, das zu tun, was sie verlangen.

---

[46] Gerolamo Cardano (auch Hieronymus Cardanus); * 1501; † 1576, war Arzt, Philosoph und Mathematiker.

Betrug mit der künstlichen Alraune.

Es gibt Betrüger, die die Leichtgläubigkeit und die Einfalt der einfachen Leute missbrauchen, sie stellen sich durch listige Tricks, die scheinbar etwas Übernatürliches haben, in großes Ansehen, so wie mit der "künstlichen Alraune", mit der sie das göttlichen Orakel nachahmen. Als ich durch Lille in Flandern reiste, wurde ich von einem meiner Freunde eingeladen, ihn zu einer alten Frau zu begleiten, die solche Possen trieb und für eine große Wahrsagerin gehalten wurde. Ich entdeckte ihre Betrügereien, die nur einem so ungebildeten Volke wie den Flamen so lange Zeit verborgen bleiben konnte. Diese Alte führte uns in einen kleinen, dunklen Raum, der nur von einer Lampe beleuchtet wurde. In ihrem Schein sah man auf einem mit einem Tuch bedeckten Tisch eine Art kleine Statue oder Puppe auf einem Dreifuß sitzen, den linken Arm ausgestreckt und an der gleichen linken Hand hielt sie eine dünne, seidene Schnur, lose gebunden, an dessen Ende eine Fliege aus poliertem Eisen hing, und darunter war ein Glas mit Farn, so dass die Fliege in dem Glas etwa zwei querfingerbreit hinein hing. Und das Geheimnis der Alten bestand darin, der Alraune zu befehlen, mit der Fliege gegen das Glas zu schlagen, um zu sagen, was wir wissen wollten.

Zum Beispiel sagte die Alte: Ich befehle dir, Alraune, im Namen der Person, der du gehorchen musst, wenn ein gewisser Herr auf seiner Reise, die er unternehmen will, Glück haben sollte, dass du die Fliege dreimal gegen das Glas schlagen lässt. Als sie die letzten Worte sprach, ging sie mit ihrer Hand bis auf nächster Nähe heran, stützte sich mit festem Griff auf einen kleinen Stock auf der Höhe der aufgehängten Fliege, die nicht versäumte, drei Schläge gegen das Glas auszuführen, obgleich die alte Frau in keiner Weise die Statue oder die Schnur oder die Fliege berührte. Das erstaunte diejenigen, die nichts über ihre Täuschungen wussten, derer sie sich bediente. Um die Menschen durch die Vielfalt ihrer Orakelsprüche zu täuschen, verbot sie der Alraune, die Fliege gegen das Glas schlagen zu lassen, wenn dieses oder jenes geschehen oder eben nicht geschehen würde; zum Beispiel: Ich verbiete dir, Alraune, im Namen der Person, der du gehorchen musst, gegen das Glas zu fliegen, wenn dieser Herr vor seiner Frau sterben sollte, und sie legte ihre Hand in die gleichen Position wie ich es schon beschrieben habe, und die Fliege schlug nicht gegen das Glas.

Der ganze Kunstgriff der Alten, den ich nach sorgfältiger Prüfung aufdeckte, war folgender: die Fliege aus Eisen, die in dem Glas am Ende der Seidenschnur hing, war sehr leicht und gut magnetisiert. Wenn die Alte es wünschte, dass sie gegen das Glas schlagen sollte, so hatte sie einen Ring an einen ihrer Finger gesteckt, in dem ein ziemlich starker Magnet eingefasst war, so dass der magnetische Stein die magnetische Fliege in Bewegung setzte und so viele Schläge gegen das Glas ausführte, wie sie wollte, und wenn sie wollte, dass die Fliegen nicht mehr weiter schlug, entfernte sie unbemerkt den Ring von ihrem Finger. Diejenigen, die mit ihr im Bunde standen und ihr Kunden zuführten, hatte sich gekonnt über die Verhältnisse derer informierte, die sie zu ihr brachten, und so war es leicht zu täuschen.

Ein weiterer Betrug mit dem Kopf des heiligen Johannis.

Die Gier, Geld zu verdienen, ist eine echte Tyrannei in den Herzen der Menschen, die raffiniert selbst das Heiligste entweiht. Der alte Dichter hatte guten Grund, es in diesem Satz zu beklagen: Auri sacra fames, quid non mortalia pectora cogis? Verfluchter Hunger nach Gold, wozu treibst du nicht die Herzen der Menschen?[47]

Ich sage dies wegen eines anderen Betrugs, den ich von solchen Menschen, die ich gerade erwähnt habe, gesehen habe. Sie hatten einen quadratischen Tisch auf fünf Säulen, an jeder Ecke eine und eine in der Mitte. Diese in der Mitte war ein großes Rohr aus dickem Karton, bemalt wie Holz, der Tisch hatte eine Bohrung auf Höhe des Rohres und ein Kupfer-Becken, ebenfalls durchbohrt, wurde auf das Loch des Tisches gestellt. Im Becken war der Kopf des St. Johannis, aus starkem Karton, lebensecht bemalt, er war hohl, mit offenem Mund; es gab ein Sprachrohr, das quer durch den Boden des Zimmers in eine Kammer unterhalb des Zimmers geleitet wurde, worin alle diese Utensilien standen, und das Sprachrohr reichte in den Hals des Kopfes; so konnte eine Person aus der Kammer darunter sprechen, sie ließ sich deutlich aus ihrer Kammer durch den Mund des St. Johannis vernehmen. Und der angebliche Wahrsager oder die Wahrsagerin veranstaltete eine abergläubische Zeremonie für diejenigen, die vernarrt diesen Kopf befragen wollten, sie beschworen ihn im Namen St. Johannis, um zu erfahren, was man wissen wollte. Die Schwierigkeit bestand darin, dass sie laut genug waren, so dass die Person, die die Fragen durch das Sprachrohr beantworten sollte, im Raum darunter sie hören konnte, denn es war fast kaum etwas zu verstehen, was sie sagten.

Natürliche Kunststücke, die scheinbar übernatürlich sind.

Hier ist eine Methode, eine Zauberkerze zu bereiten, wobei derjenige, der sie anzündet, kopflosen erscheint. Nimm frisch abgelegte Schlangenhaut, Auripigment[48], griechisches Pech, Flockenblume, Jungfernwachs, und das Blut eines Esels. Zerstoße alle Dinge und kochte sie über einem schwachen Feuer für drei oder vier Stunden in einem alten Kessel voll Sumpfwasser, lass es dann

---

[47] Nach Virgil. Eigentlich: Quid non mortalia pectora cogis, auri sacra fames. Wozu treibst du nicht die sterblichen Herzen der Menschen, verfluchter Hunger nach Gold!

[48] Arsenhaltige Pigmentfarbe.

abkühlen, trenne dann das Wasser von der Masse deiner Zutaten und forme daraus eine Kerze, dessen Docht aus mehreren Fäden eines Leichentuchs besteht, in dem ein Toter gelegen hat; und wer auch immer diese Kerze anzündet und von ihrem Schein beleuchtet wird, wird ohne Kopf erscheinen.

Ein weiteres zum gleichen Thema.

Wenn du möchtest, dass in einem Raum alle Leute wie großen Elefanten oder Pferden erscheinen sollen, mache einen Duft auf diese Weise. Zerstoße Blasenkirsche, zerdrücke dies mit Delphin-Fett und bilden kleine Kügelchen von der Größe von Zitronenkerne; nimm dann Kuhmist von einer Kuh, die kein Kalb säugt; trockne diesen Mist gut, so dass man damit ein Feuer bereiten kann, und du kannst den Spaß willkommen heißen, sofern der Raum so verschlossen ist, dass der Rauch nicht hinaus zieht, außer durch die Türe.

Ein weiteres zum gleichen Thema.

Um einen Raum scheinbar voller Schlangen und anderer Gestalten, die Schrecken verbreiten, erscheinen zu lassen, entzünde eine Lampe, die mit Folgendem präpariert ist. Nimm das Fett einer schwarzen Schlange mit der letzten Haut, die sie abgelegt hat; gib das Fett und die Haut mit Zitronenverbene in einen Kessel, worin man zwei Kannen Stahlwasser auf einem Feuer kocht, und nimm nach einer Viertelstunde den Kessel vom Feuer und gieße diese Mischung durch ein Stück Totenhemd, das von einem Toten getragen wurde. Lass die Mischung abkühlen und ziehen mit einem Löffel das Fett ab, das auf dem Wasser geronnen ist. Mache dann einen Docht mit dem Faden eines Leichentuchs; lege danach die gekochte Schlangenhaut auf den Boden des Lichtes, tränke den Docht mit dem Fett, und wenn das Licht mit Ambraöl angezündet wird, bekommst du ein abscheulichen Schauspiel mit Schlangen, welches diejenigen erschreckt, die das Geheimnis dieser Lampe nicht kennen.

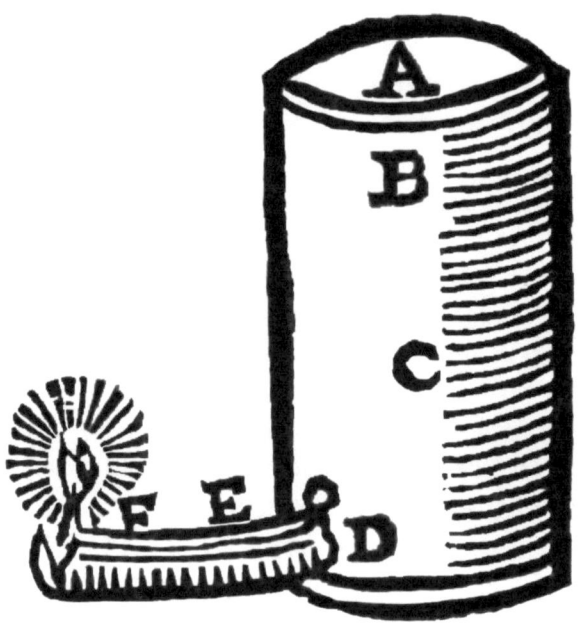

Ein weiteres zum gleichen Thema.

Ich erlebte in Flandern die Wirkung einer Lampe, um lästiges Froschquaken zu vertreiben und ihnen augenblicklich Stillschweigen aufzuerlegen. Das geschah in dem Schloss des Herrn Tillemont, dessen Gräben mit diesen schreienden Schädlingen angefüllt waren, welche uns nachts kaum hatten schlafen lassen. Wir schmolzen weißes Wachs in der Sonne mit Krokodil-Fett, das fast so wie Walöl ist; und ich glaube, dass dieses Öl den gleichen Effekt haben würde wie das Krokodilfett, das in diesem Land ganz selten ist. Wir füllten diese Mischung in eine Lampe mit einem ziemlich dicken Docht, und kaum hatten wir die Lampe angezündet und sie an den Rand des Grabens abgestellt, als die Frösche ihr Quaken einstellten.

Die leuchtende Hand, die von Schurken und Dieben benutzt wird, um nachts ungehindert in Häuser einzusteigen.

Ich gestehe, dass ich nie das Geheimnis der leuchtenden Hand erprobt habe, aber ich habe drei Mal das endgültige Urteil über gewissen Schurken gehört, die unter Folter gestanden haben, die leuchtende Hand bei ihren Diebstählen, die sie verübt hatten, eingesetzt zu haben; und auf die Frage im Verhör, was diese sei und wie sie an diese gekommen wären und wozu man sie bräuchte, sagten sie, erstens, dass die Anwendung der leuchtenden Hand die Anwesenden, denen sie gezeigt wird, überrumpele und sie unbeweglich mache. Sie wären nicht in der Lage, sich zu rühren, als wären sie tot. Zweitens sei es die Hand eines Gehenkten, drittens, sie wird auf folgender Art bereitet: man nimmt die rechte oder linke Hand von einem am Straßenrand Gehenkten, man wickelt sie in ein Leichentuch, um sie gut auszupressen, um das wenige Blut zu gewinnen, was noch darin übrig geblieben ist. Dann lege man sie in ein irdenes Gefäß zusammen mit Zimt, Salpeter, Salz und langem Pfeffer, alles gut pulverisiert. In diesem Topf belasse man sie für vierzehn Tage, man nehme sie dann heraus und lege sie während der Hundstage in die heiße Sonne, bis sie sehr trocken geworden ist. Wenn die Sonne nicht ausreicht, lege man sie in einen Ofen, der mit Farn und Eisenkraut befeuert wird. Dann mache man eine spezielle Kerze mit dem Fett eines Gehängten und Jungfernwachs und lappländischen Sesam[49], und nutzte diese leuchtende Hand als Leuchter, um die brennende Kerze zu halten, und an allen Orten, wohin du mit diesem unheilvollen Instrument gehst, verharrt man unbeweglich. Und als wir sie fragten, ob es nicht ein wirkungsvolles Gegenmittel gegen dieses Blendwerk gäbe, sagten sie, dass die leuchtende Hand ohne Wirkung sei, und die Diebe sich ihrer nicht bedienen könnten, wenn die Schwelle des Hauses, oder die eines anderen Ortes, in dem sie eindringen wollen, mit einer Salbe eingerieben wird, bestehend aus der Galle einer schwarzen Katze, Fett einer weißen Henne und dem Blut einer Eule; es ist wichtig, dass diese Zubereitung während der Hundstage gemacht wird.

Ein weiteres, um einen Mann oder eine Frau unempfindlich gegen Folter zu machen, so dass man kein Geständnis aus ihnen erpressen kann.

Rückblickend dessen, was ich gerade über die Aussage der Schurken gesagt habe, die der Folter ausgesetzt wurden, werde ich im Detail erzählen, was ich von Herrn Bamberge, berühmter Strafrichter aus Oxford, gelernt habe. Er erzählte mir, er habe mehrmals einige Schurken vor dem Strafgericht gesehen, die kaum durch ihre eigenen Aussagen überführt werden konnten. Da ihre Verbrechen so heimlich und mit großer Sorgfalt verübt wurden, war man nicht in der Lage, hinreichende Zeugenaussagen ihnen gegenüberzustellen, obwohl es erdrückende Tatverdächtigungen gegen sie gab. Diese Menschen verließen sich so sehr auf ihre Geheimnisse, die sie unempfindlich gegenüber Schmerzen machten, dass sie sich

---

[49] Flachsdotter oder Leindotter.

freiwillig als Gefangene stellten, um diese angeblichen Verdächtigungen auszuräumen. Es gibt einige, die bestimmte Worte benutzt haben, die mit leiser Stimme gesprochen werden; andere haben sie auf kleine Zettel geschrieben, die irgendwo in ihrem Körper versteckt waren. Hier sind drei Verse, die man zu dem Zeitpunkt spricht, wenn man auf die Folter gespannt wird:

Imparibus meritis tria pendant corporæ ramis.

Dismas et Gestas in medio est divina potestas,

Dismas damnatur, Gestas as astra levatur.[50]

Hier sind einige andere Worte, die sie dann sprechen, wenn die Folter angewandt wird: *Wie die Milch der gesegneten und der glorreichen Jungfrau Maria süß und mild für unseren Herr Jesus Christus war, so seien diese Folter und Stricke süß und mild zu meinen Gliedern.* Den ersten, den ich kennenlernte, der diese Art von Zauber verwendete, überrascht uns durch die übernatürliche Beständigkeit, denn nach der ersten Pein, die man ihm zufügte, schien er so ruhig zu schlafen, als ob er in einem guten Bette liegen würde, ohne zu jammern, zu klagen, oder zu schreien; und als man das Strecken zwei oder drei weitere Male fortführte, bleibt er bewegungslos wie eine Marmorstatue, was uns vermuten ließ, dass er mit einem Zauber gewappnet war. Um dies zu klären, zogen wir ihn nackt wie eine Hand aus. Nach einer gründlichen Suche konnten wir nichts finden außer ein kleines Stück Papier auf dem die drei Heiligen Könige abgebildet waren, mit diesen Worten auf der Rückseite: *Schöner Stern, der du die Magier aus der Verfolgung des Herodes befreit hast, befreie mich von aller Marter.* Das Papier steckte in seinem linken Ohr. Doch obwohl das Papier entfernt wurde, blieb er standhaft, oder er schien zumindest unempfindlich gegen die Qualen zu sein, da er leise zwischen den Zähnen bestimmte Wörter aufsagte, die wir nicht deutlich verstehen konnten; und als er in ständiger Leugnung verharrte, war man gezwungen, ihn ins Gefängnis zurückzubringen, bis man stärkere Beweise gegen ihn hatten. Man sagt, dass man die Wirkungen dieser geheimnisvollen Worte unterbrechen kann, wenn man Verse aus der heiligen Schrift oder aus dem Stundengebete spricht, wie das folgende: *Mein Herz hat Gutes verkündet, ich werde alle meine Taten dem König sagen und*

---

[50] Drei Körper von ungleichem Verdienste hängen an den Ästen; zwischen Dismas und Gestas ist die göttliche Gewalt; Dismas wird verdammt, Gestas zu den Sternen emporgehoben. (Dismas und Gestas sind die beiden Verbrecher, die mit Jesu gekreuzigt wurden.)

ihm meine Werke erklären. Der Herr wird meine Lippen öffnen, und mein Mund wird Wahrheit verkünden. Die Bosheit des Sünders wird überwältigt; du wirst, Herr, all jene verderben, die Lügen sprechen.

Salbe, mittels der man sich dem Feuer aussetzen kann, ohne zu verbrennen.

Vor mehreren Jahrhunderten gab es den Brauch, dass man Kriminelle zwang, ihre Unschuld durch eine Feuerprobe zu beweisen; aber sei es, dass man gesehen hatte, dass diese Art nicht legitim sei, weil sie gewissermaßen bedeutet, Gott wegen der Unschuld der Angeklagten zu versuchen, oder weil man erkannt hatte, dass es bei dieser Erprobung zum Betrug kam, wurde dieser Brauch vollständig abgeschafft. Tatsächlich hatte man in jener Zeit eine Möglichkeit gefunden, um die Wirkung des Feuers zu unterbinden, wenn man den antiken Historikern folgt. Und hier ist das Rezept, das ich als das wahrscheinlichste gefunden habe: mache eine Salbe aus dem Saft der wilden Malve, frisches Eiweiß, Samen einer Pflanze Namens Sphylion[51] oder Flohkrautsamen, Kalkpulver, Meerrettichsaft, alles gut zerstoßen und vermischt, reiben es über den ganzen Körper ein, wenn man ganz getestet werden soll, oder nur die Hände, wenn ein Feuer nur diesen Teil erproben soll. Lass diese Salbe trocknen und man salbe sich dann bis zu drei weiteren Male ein, und dann kann man mutig die Feuerprobe bestehen, ohne Angst vor Beschädigung zu haben.

Vom Glühwasser, das einer unendlichen Anzahl großer Werke dient.

Nimm alten, starken, hitzigen Wein von kräftiger Farbe. Gib auf zwei Pinten davon etwa ein halbes Pfund guten Branntkalk, 40 Unzen gediegenen[52] Schwefel, ebenso viel guten Weinstein aus Montpellier, ebenso viel Kochsalz, zerstoße alles und vermische dies in einer Retorte, die gut verkittet ist, destilliere dein Glühwasser bei

---

[51] Auch Plantago ovata, ist eine Pflanzenart aus der Gattung der Wegeriche. Kommt eigentlich aus Nordafrika und Südwestasiens. Wird auch Indischer Flohsamen genannt.
[52] *Gediegen* bedeutet in elementarer Form, auch Schwefelblüte oder Gelber Schwefel genannt.

schwacher Hitze dreimal, das du dann in einem starken Glas bis zum Gebrauch aufhebst. Manche haben die Vorliebe, den Wein, der bei der Destillation durch die Rohrschlangen strömt, durch Branntkalk fließen zu lassen.

Um das furchtbare griechische Feuer zu machen.

Dieses Feuer ist so gewaltig, dass es alles verbrennt, vorauf es fällt, ohne dass man es löschen kann, außer mit Urin, starkem Essig oder mit Sand. Es wird aus gediegenem Schwefel, Weinstein, Sarcocolle[53], Alkohol, ausgeglühtem Kochsalz, Petroleum und gewöhnlichem Öl bereitet. Koche alle diese Zutaten zusammen, bis sie ein Stück Tuch aufzehren, das man hinein gibt. Es muss mit einem Spatel aus Eisen umgerührt werden. Diese Zusammensetzung sollte nicht in einem geschlossenen Raum hergestellt werden, sondern im Hof, denn wenn es Feuer fängt, wäre es sehr schwer zu löschen.

Für den Frieden.

Ich verlasse nun diese Gewalt, um ein Wort über den Frieden zu sagen. Ich las in dem sehr merkwürdigen Buch über die Geheimnissen des Königs Johann von Aragon, wenn man im Monat September[54] beobachtet wie die Sonne in das Zeichen der Jungfrau eintritt, dann sammele Ringelblume, die bereits von den Alten *die Gemahlin der Sonne* genannt wurden, und wenn sie in Lorbeerblätter mit einem Wolfszahn gewickelt werden, spricht niemand Böses von demjenigen, der sie bei sich trägt und er wird in tiefem Frieden und tiefer Ruhe mit aller Welt leben.

Ein weiteres zum gleichen Thema.

Man sieht in einer alten Abhandlung der französischen Geschichte, dass der Herrscher Karl VII.[55] extrem bestürzt war, sein Königreich vom Krieg niedergeschlagen zu sehen. Er suchte Zuflucht zu einem Eremiten, um sich von ihm ein Gebet empfehlen zu lassen. Der heilige Mann gab ihm ein Bild der

---

[53] Auch Spitzblattfleischleim, harzähnlicher Stoff, wurde als Wunderheilmittel eingesetzt.

[54] Ab dem 17. September.

[55] Karl VII, * 1403; † 1461, beendete den Hundertjährigen Krieg mi Hilfe von Johanna von Orléans.

Veronika mit dem folgenden Gebet, das er mit eigener Hand auf die Rückseite des Bildes geschrieben hatte. Er versicherte, wenn es demütig getragen und jeden Tag rezitiert wird, würde sich die Situation bald bessern. Tatsächlich geschah dies nach kurzem, in einer wunderbaren Weise, wie ein Dienst der Jungfrau von Orleans. Und dies führte zur Hingabe, mit der viele Menschen dieses Bild tragen und dieses Gebet rezitieren:

Pax Domini nostri Jesu-Christi sic semper mecum per virtutem Heliæ prophetæ, cum potestate et efficacia faciei Domini nostri Salvatoris et dilectissimæ Matris ejus sanctæ Mariæ Virginis, et per caput Sancti Joannis-Baptistæ, et per duodecim Apostolos, et per quatuor Evangelistas, et per sanctos omnes Martyres Dei,

Confessores, Virgines, Viduas, Archangelos, Angelos, et omnes denique celestes Hierarchias. Amen.

Der Friede unseres Herrn Jesus Christus sei immer mit mir durch die Kraft des Propheten Elija, mit der Kraft und dem Antlitz des Herrn, unser Erlöser und der geliebten Mutter, der Heiligen Jungfrau Maria, und durch den Kopf des Heiligen Johannes des Täufers, und durch die zwölf Aposteln, und durch die vier Evangelisten, und durch alle Heiligen Gottes, Märtyrer, Bekenner, Jungfrauen, Witwen, Erzengel und Engel, und schließlich aller himmlischen Hierarchien. Amen.

Das Geheimnis eines Strumpfbandes für Reisende.

Sammele Kraut, das man Beifuß nennt, in der Zeit, da die Sonne in den ersten Grad des Steinbocks eintritt[56] und lass es ein wenig im Schatten trocknen. Mache ein Strumpfband mit der Haut eines jungen Hasen, das heißt, schneide die Haut des Hasen in zwei Zoll breite Streifen, nimm sie doppelt und nähe die besagten Kräuter ein, und trage sie an den Beinen. Es gibt kein Pferd, das einem Mann zu Fuß eine lange Zeit folgen könnte, der mit diesen Strumpfband ausgestattet ist ... Wenn eine Jungfrau auf deine Beine pinkelt, bevor die Sonne aufgeht, bist du nicht nur von der Müdigkeit des Vortages befreit, sondern du wirst an diesem Tag eine größere Strecke als gewöhnlich schaffen, ohne zu ermüden ... Beobachte die Zeit, in die der Mond in Konjunktion mit dem Merkur steht, und die Beobachtung ist noch besser, wenn sie an einem Mittwoch im Frühling stattfindet, dann nimm ein Stück gekochte Haut eines jungen Wolfes, aus dem du zwei Strumpfbänder machst, auf denen du folgendes mit seinem Blut schreibst: *Abumalith cados ambulavit in fortitudine cibi illius*, und du wirst von der Geschwindigkeit überrascht sein, mit der du mit diesen Strumpfbändern an den Beinen gehen wirst. Damit die Schrift nicht schwindet, ist es gut, das Strumpfband mit einem weißen Florettband an der Seite der Schrift zu unterfüttern ... Es gibt noch eine Möglichkeit, ein Strumpfband anzufertigen, die ich in einem alten Manuskript in gotischen Buchstaben gelesen habe; hier ist die Anleitung: nimm Haare von einem Dieb, der gehängt wurde, mache daraus Zöpfe, woraus du die Strumpfbänder bereitest, welche du zwischen zwei Tücher einnähst, in einer Farbe deiner Wahl. Binde sie an die Hinterbeinen

---

[56] 20. Januar.

eines jungen Fohlens; nötige es dann ungefähr zwanzig Schritte rückwärts zu gehen, sprich die folgenden Worte: *Sicut ambulat Dominus Sabaoth super pennas ventorum, sic ambulabo super terram*[57]; lass das Fohlen entkommen, dass es rennt, bis ihm die Puste ausgeht, und bediene dich mit Vergnügen dieser Strumpfbänder.

Das Geheimnis eines Wanderstabes für eine gute Reise.

Breche am Tag nach Allerheiligen einen starken Holunderast, aus dem du dir einen Stab machst, den du nach folgender Art anpasst. Kratze das Mark im Innern des Stockes heraus, setze danach eine Eisenhülse auf das Ende des Stockes. Gebe in das Innere beide Augen eines jungen Wolfes, Zunge und Herz eines Hundes, drei grüne Eidechsen, drei Schwalben-Herzen, lass alles in der Sonne zwischen zwei Papiere trocknen, die man zuvor mit fein pulverisiertem Salpeter bestreut hat. Gebe in den Stock zusätzlich sieben Eisenkrautblätter, gesammelt am Vorabend des St. Johannes Tag und einen Stein von verschiedenen Farben, den du in einem Wiedehopf-Nest gefunden hast. Verschließe das Ende des Stockes mit einer Kugel aus Buchsbaum oder einem anderen Material, wie du es wünschst, und du kannst sicher sein, dass dich dieser Stab in der Not und bei Gefahren schützt, die nur allzu häufig bei Reisen auftreten, sei es durch Räuber, wilde Tiere, tollwütige Hunde oder durch giftige Tiere; er wird dir das Wohlwollen derer verschaffen, bei wem du auch einkehrst.

Ein Geheimnis, um ein Pferd eine größere Strecke in einer Stunde zurücklegen zu lassen, die ein anderes nicht in acht Stunden schafft.

Mische in den Hafer des Pferdes eine Handvoll kleingehacktes Kraut namens Satyrion[58], salbe oben die Haut seiner vier Beinen unterhalb des Bauches mit Hirschfett ein; und wenn du dich zum Reiten aufgesetzt hast, wende seinen Kopf der aufgehenden Sonne zu, beuge dich zu seinem linken Ohr und sprich dreimal mit leiser Stimme die folgenden Worte, und reite los: *Kaspar, Melchior,*

---

[57] Wie der Herr Zebaoth auf den Flügeln des Windes läuft, so werde auch ich über die Erden laufen.
[58] Orchideenart.

Merchisard. Ich füge noch hinzu: wenn man um den Hals des Pferdes die großen Zähne eines Wolfes hängt, der im Lauf getötet wurde, wird das Pferd von seiner Raserei nicht müde.

Um ein wütendes Pferd zu besänftigen.

Man findet kleine, runde, grüne Steine am Fuße des Mont Cenis[59], diese haben solche Kräfte, dass sie das Pferd wieder zahm und umgänglich machen, wenn sie in jedes Ohr eines wütenden Pferdes gelegt werden und wenn du mit den Händen gegen seine Ohren presst; so kann man nicht nur leicht aufsteigen, auch der Hufschmied kann es beschlagen, ohne dass es ausschlägt. Der wütende und unbändige Stier kann gezähmt werden, wenn er an einen Feigenbaum gebunden wird, und man ihn für einige Zeit unter dem Baum füttert. Man erreicht das Ziel auch, wenn man dem Stier Holunderrinde um das rechte Bein unterhalb des Knies bindet.

Um ein Pferd umfallen zu lassen, als ob es tot wäre.

Nimm eine Schlangenzunge und wickele sie in Jungfernwachs, und lege sie in das linke Ohr eines Pferdes, es wird zu Boden fallen, als ob es tot wäre; und sobald du sie entfernst, steht es wieder auf, munterer als zuvor; aber belasse sie nicht zu lang, aus Angst, dem Pferd zu schadet.

Um sich durch einen Ring unsichtbar zu machen.

Von den berühmten Gyges[60] wird berichtet, dass er auf den Thron von Lydien mittels eines magischen Ringes kam, der unsichtbar machte, so war es ihm ein leichtes, mit der Königin Ehebruch zu begehen und den König zu töten. Die weisen Kabbalisten hinterließen uns das Verfahren, Ringe zu verfertigen, die in ähnlicher Weise unsichtbar machen. Man muss diese bedeutende Operation an einem Mittwoch im Frühling durchführen, unter der Herrschaft des Merkurs, wenn dieser

---

[59] Bergmassiv in den Grajischen Alpen, italienisch auch Moncenisio oder Monte Cenisio.

[60] Gyges, König des kleinasiatischen Lydien, regierte ca. 680 v. Chr. bis 644 v. Chr. Laut Platon half ihm ein magischer Ring, um vom Hirten zum König aufzusteigen.

Planet in Konjunktion zu anderen günstigen Planeten wie dem Mond, Jupiter, der Venus oder der Sonne steht. Mit gutem, fixiertem und gut gereinigtem Quecksilber bildet man einen großen Ring, der leicht über den Mittelfinger geht. Verankere in der Fassung einen kleinen Stein, den du in einem Wiedehopfnest gefunden hast und graviere um den Ring die folgenden Worte:

Jesus passant † par le milieu d'eux † s'en alloit †

Jesus ging † mitten durch † sie hin †

Lege danach den Ring auf eine Platte aus fixiertem Quecksilber, die in der Form einer kleinen Plakette gefertigt ist, bereite den Duft des Merkurs, wie zuvor beschrieben und setzte den Ring auf der Plakette dreimal dem Rauch des Duftes aus, und wickele ihn danach in ein Stück Taft in einer zu dem Planeten geeigneten Farbe, lege ihn in das Wiedehopfnest, von dem du den Stein genommen hat, und belasse ihn dort neun Tage. Wenn du ihn wieder hinausnimmst, mache erneut einen Duft wie beim ersten Mal. Verwahre ihn dann sorgsam in einer kleinen Büchse aus fixiertem Quecksilber, um sich seiner bei Gelegenheit zu bedienen. Die Art und Weise, ihn zu nutzen, ist nichts weiter, als den Ring an deinen Finger zu stecken und den Stein aus deiner Hand zu drehen. Er hat die Kraft, die Augen der Anwesenden zu blenden, so dass man in ihrer Gegenwart nicht mehr gesehen werden kann. Und wenn du gesehen werden möchtest, drehe den Stein in die Hand, und schließe die Hand zu einer Faust. Porphyry und Iamblichos, Peter de Abano und sein Lehrer Agrippa behaupteten, dass die Herstellung eines Rings, wie er in der Abbildung gezeigt wird, die gleiche Kraft und Eigenschaft habe.

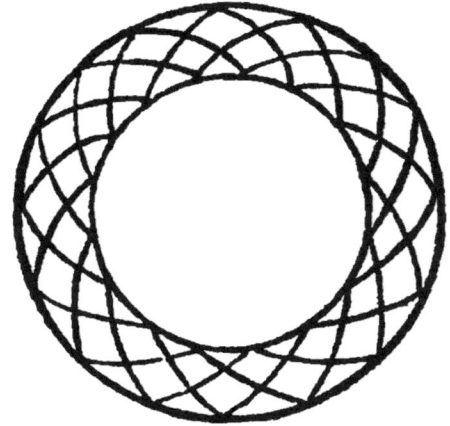

Nimm die Haare vom Kopf einer wütenden Hyäne, mache kleine Zöpfe, aus dem du einen Ring fertigst, wie hier zu sehen ist, und lege ihn ebenfalls für neun Tage in das Wiedehopfnest, und bereite einen Duft unter der Herrschaft des Merkurs wie zuvor angegeben; verwende ihn genauso wie den, der aus Quecksilber bereitet ist, außer dass man ihn ganz vom Finger nimmst, wenn man nicht mehr unsichtbar sein will.

Um sich vom Ring der Unsichtbarkeit nicht täuschen und blenden zu lassen.

Da es in der Natur kein Gift ohne sein Gegenmittel gibt, hat die weise Vorsehung des Schöpfers, der alle Dinge mit Gewicht und Maß gemacht hat, keine Täuschung ohne Abhilfe zugelassen. Wenn man sich gegen die Wirkungen des kabbalistischen Rings des Merkurs schützen will, stellt man einen Ring in der folgenden Weise her. Man fertigt einen Ring aus abgetriebenen Blei, welches sehr rein ist, in der Art, wie wir es zuvor an der Stelle, wo wir über die Talismane und ihre geheimnisvollen Zeichen und Planeten sprachen, gesagt haben. In der Fassung des Bleirings verankere ein Auge eines jungen Wiesels, das nur einmal geworfen hat, und auf den Rand des Ringes graviere diese Worte: Apparuit Dominus Simoni[61]. Zur Herstellung des Rings wähle einen Samstag, wenn der Saturn in Opposition zum Merkur steht. Bereite drei Mal den Duft des Samstags, wickele den Ring in ein Stück Leichentuch, und begrabe ihn auf einem Friedhof, und belasse ihn dort für neun Tage. Hole ihn dann wieder hervor, bereite drei Mal der Duft des Saturns und verwende ihn. Diejenigen, die diesen Ring erfunden haben, stützten sich auf das Prinzip der Antipathie, die sich zwischen den beiden Ringen befindet, die durch die beiden Materialien begründet ist, aus denen sie ihre entgegengesetzten Wirkungen ziehen. In der Tat gibt es nichts antipathischeres als Hyänen und Wiesel; und der Saturn ist zum Merkur fast immer rückläufig. Treffen sich beiden in einem Haus eines Tierkreiszeichen, ist dies immer ein unheilvoller Aspekt eines bedrohlichen Omens.

Um andere geheimnisvolle Ringe unter der Herrschaft der sieben Planeten zu bereiten, deren Einflüsse diejenigen anziehen, die sie tragen.

Es wurde oben angenommen, dass jeder Planet ein naheliegendes und passendes Metall hat, entsprechend seiner himmlischen Beschaffenheit. Um also regelrecht zur Bereitung der Ringe zu schreiten, über die wir hier sprechen wollen, sagen wir, dass es nicht nur notwendig ist, die Metalle der Planeten zu nutzen, sondern man muss auch die Steine kennen, die man einfasst und auf die man die geheimnisvollen Zeichen graviert und man muss wissen, welche Beziehung sie zu der Beschaffenheit der Planten haben. Der Adlerstein oder Aetit und Hyazinth sind das Wesen der Sonnen, Smaragd das des Mondes, der Magnetit das Wesen des Mars, genauso wie der Amethyst. Der Topas und Porphyry passt zum Merkur; Beryll ist spezifisch für den Jupiter; Karneol passt zur Venus und der Chalcedon und Jaspis zum Saturn. Ist dies nun bekannt, fertigt man die Ringe aus dem zu jedem Planeten passendem Metall und Stein an. Sorge dafür, sie an ihrem eigenen Tag und in der Stunden ihrer günstigen Konstellation zu fertigen und graviere auf

---

[61] Lat.: "Der Herr erschien Simon." Einheitsübersetzung der Heiligen Schrift, Lk 24,34: "Diese sagten: Der Herr ist wirklich auferstanden und ist dem Simon erschienen."

die Steinen die geheimnisvollen Figuren, die wir an der Stelle abgebildet haben, an der wir über die Talismane und den geheimnisvollen Zeichen der Planeten gesprochen haben. Da es nicht so einfach ist, Zeichen so sauber auf Steine wie auf Metalle zu gravieren, auf denen man mit einem Stecheisen zeichnen kann, so sei denen gesagt, die sich diese Operationen vornehmen, wenn sie ihre Arbeit in der ersten Minute der günstigen Stunde des Planeten beginnen und ohne Unterbrechung weitermachen, wird der Ring den gewünschten Wert und Einfluss haben. Hier folgt nun eine Liste der Stunden, sowohl für den Tag als auch für die Nacht, die dazu dient zu wissen, welcher Plante im Laufe der Woche zu herrschen beginnt.

Die Stunden am Tage und in der Nacht.

Sonntag, die Stunden am Tag

1	2	3	4	5	6
☉	♀	☿	☾	♄	♃
7	8	9	10	11	12
♂	☉	♀	☿	☾	♄

Sonntag, die Stunden der Nacht

1	2	3	4	5	6
♃	♂	☉	♀	☿	☾
7	8	9	10	11	12
♄	♃	♂	☉	♀	☿

Montag, die Stunden am Tag

1	2	3	4	5	6
☾	♄	♃	♂	☉	♀
7	8	9	10	11	12
☿	☾	♄	♃	♂	☉

Montag, die Stunden der Nacht

1	2	3	4	5	6
♀	☿	☾	♄	♃	♂
7	8	9	10	11	12
☉	♀	☿	☾	♄	♃

Dienstag, die Stunden am Tag

1	2	3	4	5	6
♂	☉	♀	☿	☾	♄
7	8	9	10	11	12
♃	♂	☉	♀	☿	☾

Dienstag, die Stunden der Nacht

1	2	3	4	5	6
♄	♃	♂	☉	♀	☿
7	8	9	10	11	12
☾	♄	♃	♂	☉	♀

Mittwoch, die Stunden am Tag

1	2	3	4	5	6
☿	☾	♄	♃	♂	☉
7	8	9	10	11	12
♀	☿	☾	♄	♃	♂

Mittwoch, die Stunden der Nacht

1	2	3	4	5	6
☉	♀	☿	☾	♄	♃
7	8	9	10	11	12
♂	☉	♀	☿	☾	♄

Donnerstag, die Stunden am Tag

1	2	3	4	5	6
♃	♂	☉	♀	☿	☾
7	8	9	10	11	12
♄	♃	♂	☉	♀	☿

Donnerstag, die Stunden der Nacht

1	2	3	4	5	6
☾	♄	♃	♂	☉	♀
7	8	9	10	11	12
☿	☾	♄	♃	♂	☉

Freitag, die Stunden am Tag

1	2	3	4	5	6
♀	☿	☾	♄	♃	♂
7	8	9	10	11	12
☉	♀	☿	☾	♄	♃

Freitag, die Stunden der Nacht

1	2	3	4	5	6
♂	☉	♀	☿	☾	♄
7	8	9	10	11	12
♃	♂	☉	♀	☿	☾

Samstag, die Stunden am Tag

1	2	3	4	5	6
♄	♃	♂	☉	♀	☿
7	8	9	10	11	12
☾	♄	♃	♂	☉	♀

Samstag, die Stunden der Nacht

1	2	3	4	5	6
☿	☾	♄	♃	♂	☉
7	8	9	10	11	12
♀	☿	☾	♄	♃	♂

Die kabbalistische Stellung dieser planetarischen Art ist nicht bloß das seltsame Produkt weiser Anhänger der okkulten Sternenlehre. Man sieht, dass man das Planetenzeichen in jeder ersten Stunde seines Tages findet, ohne dass diese Reihe für den Ablauf aller Stunden über die Wochentage hinweg unterbrochen wird[62] und

[62] Beginnt man am Sonntag mit der Sonne und folgt der Chaldäischen Reihe bis Samstagnacht, so fängt jeder Wochentag mit seinem zugeordneten Planeten an, also der Montag mit dem Mond, Dienstag mit dem Mars etc. Die älteste Veröffentlichung ist nach meinem Wissen in dem "Buch der Heiligen Dreifaltigkeit" von dem Franziskanermönch Ulmannus, zwischen 1410 – 1419 zu finden.

man beobachtet in der Regel, dass die Planeten in diesen Stunden in einem günstigen Aspekt stehen. Diejenigen, die mit den geheimnisvollen Zeichen der Pentakel und Talismane arbeiten wollen, können sich nach dieser Reih und Anordnung der Stunden richten, dementsprechend verfertige man kein geheimnisvolles Zeichen der Venus in der Stunde des Saturns, kein Zeichen des Saturns in der Stunde der Sonne, und so weiter.

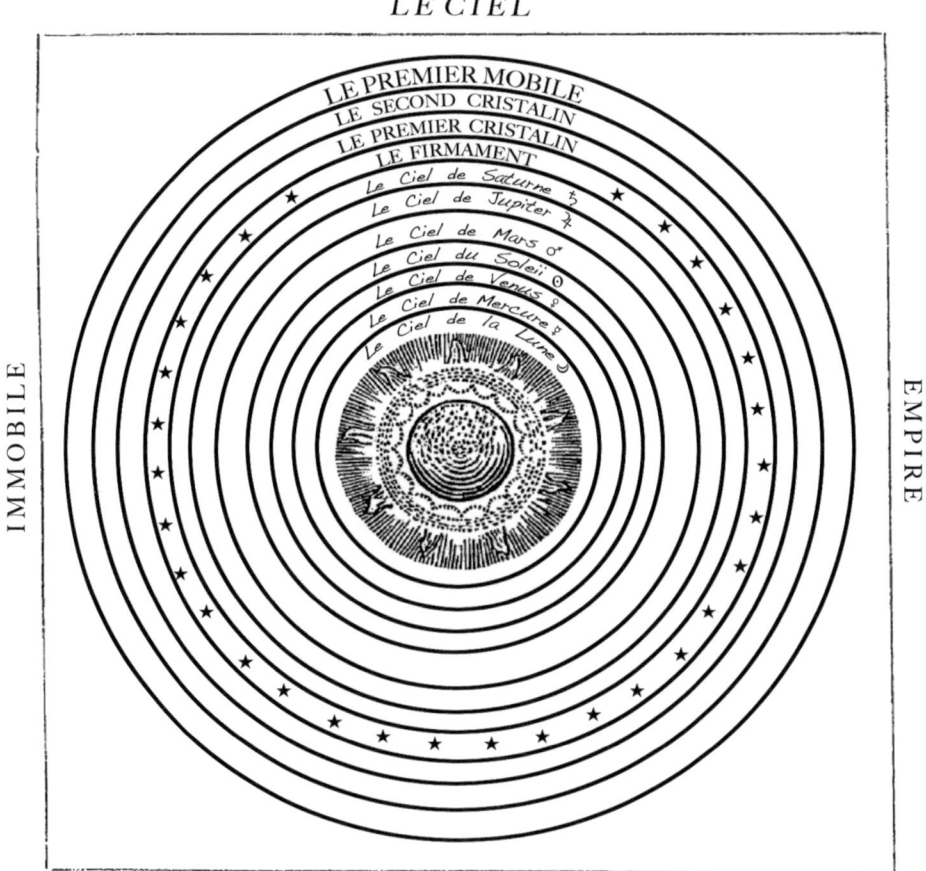

Welche Ansicht die weisen Philosophen über Talismane und die mysteriösen Zeichen hatten.

Die Weisen, die die Dinge auf ihren ursprünglichen Namen zurückführten, und vor allem von den außergewöhnlichen, sagten, dass der Name "Talisman" ein hebräisches Wort sei, das *geheimnisvolles Bild* bedeutet. Einige haben gesagt, dass dieses Wort Talisman vom griechischen Wort τελέδμα (Telesma)[63] abgeleitet wurde, das große Vollkommenheit bedeutet. Andere sehen den Ursprung in diesen zwei lateinischen Wörtern: talis mens[64]; vor allem, wenn wir ein Sachkundiger der kabbalistischen Wissenschaften sind, können wir Talismane nach unserer Gedankenwelt machen, mit unseren Absichten und so wie wir es wollen; dies wird gut von diesen beiden lateinischen Wörtern ausgedrückt. Wie auch immer die Etymologie des Wortes sei, sicher ist, dass die Talismane und die Verwendung der geheimnisvollen Zeichen von ihrem Ursprung über die Ägypter und Chaldäer, die sehr erfahren in der Sterndeutung waren, zu uns kamen. Sie haben alle Kräfte und Wirkungen ihrer Einflüsse durchdrungen und haben daraus eine praktische Wissenschaft gemacht, die ihnen hohes Ansehen bescherte. Von ihnen haben die Hebräer diese Geheimnisse gelernt, als sie nach Ägypten gingen, wo Joseph den Hof des Pharaos verwaltete, und sie haben dies perfektioniert durch den Austausch mit den Chaldäern, die himmlische Zeichen anfertigten, um die Einflüsse der Sterne anzuziehen, weil sie ein Geschäft damit machten, den Lauf der Sterne und die Vielfalt ihrer Aspekte und Konjunktionen zu erkunden, um Vorhersagen zu machen, die zur Ordnung ihres Lebens und ihres Schicksals dienten.

Sie tüftelten ein Himmelssystem aus, in diesem ordneten sie die Sterne zu fantastischen Figuren an, um die Augen und die Imagination auf die himmlischen Figuren zu fixieren. Sie teilten die Planeten verschiedenen Himmel zu, mit einer vernünftigen Unterteilung in höhere oder niedere, wie man in der großen Abbildung sehen kann, die ich graviert habe. Sie unterschieden die Zeichen, die sie nach den Tiergestalten benannten, die natürliche Sympathien mit den Einflüssen der Sterne haben. Das war Anlass und Ursprung sie mit den Namen Stier, Widder, Steinbock, Krebse, Löwe, Skorpion, Fische etc. zu unterscheiden. Mit ihnen

---

[63] Vielleicht ist τέλειος gemeint, für vollkommen oder perfekt.
[64] Könnte man übersetzen mit: von einer Art der Weisheit/Gesinnung/Gedanken.

kennzeichneten sie die Räume des Himmels, die die Sonne und der Mond durchlaufen.

Seit dem bezeichnet man diesen ganzen Raum mit dem Namen Zodiak, es wird von dem griechischen Wort Ζῴον[65] abgeleitet, welches Tier bedeutet, diese Tiere und Figuren sind den verschiedenen Bereichen des Lebens entnommen und werden von den miteinander verbundenen Sternen markiert, aus denen die Zeichen zusammengesetzt sind.

Die wissbegierigsten unter den gelehrten Griechen beschäftigten sich mit dieser geheimnisvollen Wissenschaft, und sie waren so erfolgreich, dass die größten Koryphäen anderer Völkern kamen, um sich unter ihrer Leitung zu formieren. Dies ist ein großer Beweis, dass es etwas Fundiertes und Wahrhaftes in den Operationen dieser Wissenschaft gab. Umso mehr, als die Natur selbst dies autorisiert, da sie einige wunderbare Erzeugnisse hervorbringt, die wir nicht leugnen können. Ich hörte von diesen hieroglyphischen Figuren, die man von der Natur als Abdrücke auf Steine, Muscheln und an Tieren sehen kann, und die durchweg erstaunliche Beziehungen zu den Zeichen haben, mit denen sie geschmückt sind.

Crollius[66], ein nicht zu verachtender Autor, bemerkte, dass die meisten Pflanzen und Metallsteine[67] etwas über das Gewöhnliche hinausgehen, in ihren Farben oder ihren Formen, ihren Merkmalen, Eigenschaften und in ihren Anwendungen, zu denen sie sich eignen. Dies wurde vom Schöpfer so gefügt, um sie durch Sympathie mit den Himmelskörpern für den Menschen nützlich zu machen. Derselbe Autor bemerkte, dass, wenn die Hebräer sich nicht der natürlichen Zeichen auf ihren Talismanen bedienten, dann nur weil sie beflissentlich das Gesetzes beachteten, das alle Arten von Bildern verbietet, dagegen wollten sie nicht verstoßen. Außerdem hatte Moses in den göttlichen Namen Jehova, Zebaoth, Tetragrammaton oder Elohim, etc. wunderbare Kräfte gefunden, die die fehlenden Zeichen ersetzten. Deshalb verfertigten sie ihre Talismane mit diesen heiligen Namen und mit Orakelsprüchen, die sie aus dem Gesetz gezogen haben. Durch die gemachten Erfahrungen kamen sie zu der Überzeugung, dass sie die Kraft hätten,

---

[65] In der Ausgabe von 1704 steht Ζóον, in späteren Ausgaben Ζῴον, was Tiere bedeutet.

[66] Oswald Croll, *1563; † 1609, Alchemist und Professor für Medizin an der Universität Marburg.

[67] Wahrscheinlich ist mit pierres métalliques "die Steine, die den Planeten zugeordnet sind" (also vielleicht Planetensteine) gemeint, siehe oben.

sie vor dem Bösen zu bewahren, welches sie fürchteten, und ihnen das verschafft, was ihnen nützt und was sie sich wünschten, wenn sie diese bei sich trugen, graviert auf Metallen, die in der Gunst der Sterne stehen, die ihren Einfluss auf die sublunaren Körper ausbreiten.

Diejenigen, die sich in der Wissenschaft der Talismane und der geheimnisvollen Zeichen weiter vertiefen möchten, machen große Fortschritte, wenn sie die Werke von Jean l'Heureux, Stiftsherr von Aire in Artois, in Antwerpen gedruckt, lesen, unterstützt von Herrn Chifflet, unter dem Titel Disquisitio Antiquaria gemmis Basilidianis, seu Abraxas Apistophistus[68]. Hier findet man eine Abbildung eines Talismans für Glück im Spiel und Handel; er wurde nach dem berühmten Arbatel erstellt, dort steht, dass man sie nach folgender Figur verfertigen muss.

Nimm eine runde Scheibe aus fixiertem Quecksilber, gut gereinigt und poliert, an einem Mittwoch im Frühling, wenn du eine günstige Merkur-Konstellation beobachtest, das heißt, wenn er in einem guten Aspekt mit Jupiter oder Venus steht, oder in Konjunktion mit der Sonne oder dem Mond. Zeichne auf die eine Seite das Symbol des Merkurs, wie es hier dargestellt wird, und auf die andere die

---

[68] 1652 erschienen, als Autor wird allerdings Ioannis Macarii genannt. l'Heureux war meines Wissens Co-Autor. Die abgebildeten Siegel befinden sich allerdings nicht in dem Buch, sondern im dritten Buch „de occulta philosophia" von Agrippa von Nettesheim, allerdings in einem anderen Zusammenhang.

hebräischen Worte, die du hier graviert siehst. Räuchere sie danach dreimal mit den Duft des Tages des Merkurs und begrabe sie dann für sieben Tage an einer Heerstraße, an dem ein Galgen steht, grabe sie danach wieder aus und bewahre sie auf, bis du sie brauchst. Mache drei aufeinanderfolgende Räucherungen mit dem gleichen Duft, und es ist von Vorteil, jeden Mittwoch vor Sonnenaufgang den Duft des Merkurs zu wiederholen.

Ein berühmter Autor unserer Zeit sagte, es gibt keinen Talisman, der sich nicht auf die Astrologie oder die Medizin oder die Religion bezieht, oder sich sogar auf alle drei zusammen, denn wir sehen dort die natürlichen oder hieroglyphischen Figuren in Bezug zu den verschiedenen Konstellationen. Diese Talismane haben die Kraft, die himmlischen Einflüsse auf die Menschen, die sie gemacht haben und die sich ihrer bedienen, und auf ihr Eigentum hinabzuziehen. Zum anderen graviert man Symbole in Beziehung zu Pflanzen, gewöhnliche Heilkräutern und Mineralien und anderen Dingen aus dem Bereich der Medizin; und diese sind für die Heilung von Krankheiten und für den Erhalt der Gesundheit nützlich. Schließlich mischt man auf anderen die Namen Gottes mit denen himmlischer Geister und mit Worten des Alten und Neuen Testament – gegen Stürme, Schiffbruch, Feuersbrunst, Unfälle und andere gewaltsame Todesarten.

Ich habe oben einige Beispiele von Talismanen mit ihren Eigenschaften und Kräften in Bezug zu den sieben Planeten graviert, und ich habe noch andere, die ich weiter unten besprechen werden, um ein wenig Abwechslung diesem kleinen Schatz der Geheimnissen hinzuzufügen.

Von der Art und Weise das wahre Himmelswasser zu bereiten.

Wähle folgende Zutaten sorgfältig aus, keines darf faul oder verdorben sein: feinen Zimt, Nelken, Muskatnuss, Ingwer, Zitwerwurzel, Geißraute, weißer Pfeffer, von jedem eine Unze, sechs Schalen von guten Zitronen, zwei Handvoll Damaskus-Trauben, ebenso vielen Jujube[69], eine Handvoll Mark des Zwerg-Holunders, vier Handvoll Wacholderbeeren, die ganz reif sein müssen, eine

---

[69] Auch Brustbeeren genannt.

Handvoll grüne Fenchelsamen, ebenso viel Basilikum-Blüten, ebenso viel Johanniskraut-Blüten, ebenso viele Rosmarin-Blüten, ebenso viele Majoran-Blüten, Poleiminze, Stecados[70], zahmen Holunder, Muskatblüte, Weinraute, Witwenblume[71], Flockenblume, Erdrauch und Gemeiner Odermennig, zwei Unzen Indische Narde[72], genauso viel Aloen-Holz, genauso viele Paradieskörner, genauso viele aromatischen Kalmus, genauso viel guten Weihrauch, zitronengelbes Sandelholz, genauso viel Sandelholzöl, eine Drachme[73] Leberblümchen[74], feinen Amber, zwei Drachmen Rhabarber.

Sind alle Zutaten gesammelt und in gutem Zustand, dann zerstoße diejenigen, die man zerstoßen kann und pulverisiere sie, mische alles gut in einem großen Alambic aus starkem Glas, anderthalb Fuß hoch, und gieße einen guten Branntwein auf diesen Zutaten, stelle sicher, dass der Branntwein mindestens drei querfingerbreit über den Zutaten steht. Verschließe dann den Alambic gut, damit nichts verdunstet. Lege den Alambic zur Gärung in warmen Pferdemist, belasse ihn dort für 14 Tage, führe dann eine Destillation in einem warmen Marienbad durch, nachdem du seinen Aufsatz und sein Auffanggefäß angeschlossen hast und das eine mit dem anderen gut verkittet und versiegelt hast. Achte gut auf die Destillation, so dass du bemerkst, wenn sich die Farbe bei dem ändert, was in das Auffanggefäß fließt, dann musst du das Auffanggefäß austauschen, und gieße das erste Wasser aus der Destillation in den Alambic zurück, um es durch eine zweite Destillation von seinem Phlegma zu reinigen; diese zweite wird das wahre Himmelswasser sein.

Bemerkung. Wenn du siehst, dass das zweite Wasser seine Farbe ändert, so dass es rötlich wird, füll es in ein gut verschließbares Auffanggefäß aus starkem Glas. Löse dann ein halbes Pfund guten Theriak mit ebenso viel feinem venezianischen Terpentin und Mandelöl auf und mische alles gründlich mit dem Rückstand, der in der Retorte verblieben ist, und treibe die Destillation in einem sehr heißen Sandbad an, um das wahre Balsamöl zu erhalten, das wie klarer Honig sein muss.

---

[70] Schopflavendel.

[71] Auch Skabiose oder Grindkraut genannt.

[72] Die Indische Narde oder Nardenähre gehört zur Gattung der Baldriane.

[73] Etwa fünf Gramm.

[74] Aloës hépatique, die Leberranunkel, ein Hahnenfußgewächs.

Gar wundervolle Eigenschaften des Himmelswassers.

Wenn man sich mit diesem Wasser am Morgen die Stirn, Augenlider, den Hinterkopf und den Nacken einreibt, lässt es einen schnell und gekonnt lernen, es stärkt das Gedächtnis, regt den Verstand an und schärft wunderbar den Blick. Steckt man ein damit beträufeltes Stück Watte in die Nasenlöcher, so ist dies ein erprobtes Mittel, um das Gehirn von allem Überfluss zu reinigen, von kalter und katarrhalischer Feuchtigkeit. Wenn man drei Tage einen Löffel davon trinkt, bewahrt es die Stärke, Kraft und in solcher Art die Beleibtheit, dass die Schönheit bis ins hohe Alter erhalten bleibt. Es ist mächtig gegen Kurzatmigkeit und wirkt angenehm reizlindernd auf die Atemwege und lässt sie heilen, wenn sie erkrankt sind. Wenn man es von Zeit zu Zeit einem Aussätzigen gibt, ertüchtigt es so gut die Leber, dass er bald wieder gesund wird. Es ist so stark gegen Schlangengifte und sonstige Gifte, dass man eine Kröte oder ein anderes giftiges Insekt unvermittelt sterben sieht, wenn man diese nur mit sechs Tropfen beträufelt. Es gibt kein Stärkungsmittel, das mit diesem göttlichen Wasser in seiner substantiellen Kraft mithalten kann; nicht nur dass man für 24 Stunden nichts zu trinken und zu essen braucht, wenn man am Morgen einen Löffel davon trinkt, sondern auch wenn man es in den Mund eines Sterbenden gibt, so dass er es schlucken kann, gibt es ihm Kraft, und er macht Gebrauch von Sprache und Verstand, wenn er dies verloren hat. Es wird verwendet, um Stein und Blasengrieß aufzulösen, Harnverhalt aufzuheben und brennende Hitze am Penis zu vertreiben. Es hilft bemerkenswert den Schwindsüchtigen, Asthmatikern und Wassersüchtigen, und selbst Gichtkranke können sich ihm durch Umschläge nützlich bedienen. Es schützt vor der Pest und gegen jegliches bösartige Fieber, was immer es auch sein mag. Mit einem Wort kann man dieses Himmelswasser eine Universalmedizin nennen.

Eigenschaften des Balsamöls, welches aus dem Trester des Himmelswassers extrahiert wird.

Träufele von Zeit zu Zeit davon nur drei Tropfen in die Ohren eines Tauben, verstopfe die Ohren mit etwas durchtränkter Baumwolle und die Taubheit verschwindet. Es kann jede Art von Krätze und Ringflechte der hartnäckigsten Art heilen, ebenso alle Furunkel, Wunden, Narben, Geschwüre, alte und neue, ebenso alle Arten von giftigen Bissen von Schlangen, Skorpionen, etc., ebenso alle Fisteln, (Waden-)Krämpfe und Erysipel, ebenso jegliches Schlagen des Herzens und anderer Glieder durch Umschläge und Pflaster. Crollius hat dies hoch geschätzt, er bezeichnete es als exzellent, als Mutter aller Salben, es sei besser als Balsam.

Ein hervorragender Balsam, um sich vor der Pest zu schützen.

Dieses Rezept, das ich hier angebe, ist gegen die Pest und alle ansteckenden Krankheiten, es ist ein Geschenk vom spanischen König an seine Tochter, Königin von Frankreich[75], ich erhielt es von ihrem Leibarzt. Es gibt keinen, der es nicht bereiten könnte, da es so einfach ist. Schabe gut ein Dutzend Schwarzwurzeln und Bocksbart-Wurzeln, koche sie in drei Pinten Weißwein, decke den Topf, in dem sie gekocht werden, gut ab, damit nicht zu viel Alkohol verdunstet. Wenn alles gut gekocht ist, gieße sie in ein Tuch und drücke sie ein wenig aus. Gebe dieser Flüssigkeit den Saft von zwölf Zitronen hinzu, eine halbe Unze Ingwer, eine halbe Unze Nelken, eine halbe Unze Kardamom, eine halbe Unze Aloe-Holz, alles gut zerkleinert. Füge je etwa eine Unze der folgenden Kräuter hinzu: Blätter der Weinraute, des Holunders, des Brombeerstrauchs und des Salbeis. Koche alles zusammen auf kleiner Flamme, bis es auf ein Viertel reduziert ist, gießen dann alles schnell durch ein doppeltes Tuch oder Strumpf ab und fülle es in ein starkes Glas, welches man gut verschließt. Trinke auf nüchternen Magen jeden Morgen neun Tage lang den dritten Teil eines halben Schoppen. Auf diese Art wirst du der schlechten Luft trotzen, auch wenn man selbst Pestkranke besucht. Denjenigen, die sich bereits angesteckt haben, fügen diesem Trank den Saft der Borretschwurzeln und Skabiosen[76] hinzu, worin man guten Theriak auflöst, und dies befreit vom tödlichen Gift. Und diejenigen, die bereits Pestbeulen haben, zerkleinern Brombeeren und Holunder – und zusammen mit Senfkörnern machen sie einen Umschlag über die Pestbeulen, und mit Gottes Hilfe werden sie heilen.

---

[75] Wahrscheinlich ist Eleonore von Kastilien, * 1498; † 1558, gemeint.
[76] Grindkraut.

Damit faule Zähne ohne Schmerzen ausfallen.

Mache eine Lösung aus starkem Essig und kleinen schwarzen Maulbeerwurzeln, nachdem man sie gut zerkleinert hat, füge Römisches Vitriol hinzu, so viel wie eine kleine Saubohne und setze alles in einem starken Glasgefäß für 14 Tage der Sommersonne aus. Wenn du es wieder hervorholst, lass es in einem glasierten, irdenen Topf zusammen mit einer Eidechse gut abgedeckt in einem mäßig heißen Ofen trocknen; mache daraus ein Pulver, trage es auf den verfaulten Zahn auf und er entwurzelt und fällt nach kurzer Zeit aus.

Um alte oder neue Aekebusen-Wunden[77] oder andere weder mit Salbe noch mit Scharpie[78] zu heilen.

Machen eine Abkochung wie ich es im Folgenden aufzeige: nimm Pfeifenblumen, so viel wie zwei Taler wiegen, Lorbeersamen, ebenso viele bei Vollmond gefangene Flusskrebse, im Ofen getrocknet, Moschus Pulver vom Gewicht eines Talers, ein Kraut, genannt Braunelle, sonst auch normalen Beinwell vom Gewicht von vier Talern. Man sammelt diese Kräuter mit ihren Blüten und trockne sie zwischen zwei Leinen im Schatten. All diese Zutaten werden pulverisiert und danach gut gemischt, gebe sie in eine neue Leinentasche, die vernäht oder mit einem Faden zugebunden wird. Nimm dann einen neuen, irdenen, glasierten Topf, in dem du deine Tasche gibst, mit zwanzig kleinen Zweigen Immergrün und drei Flaschen besten Weißwein, den du finden kannst, und nachdem du deinen Topf mit drei oder vier Blatt Papier bedeckt hast, damit nichts verdunstet, setze ihn auf ein Kohlenfeuer, und koche alles, bis es etwa auf ein Drittel reduziert ist. Nimm den Topf dann vom Feuer, und nachdem er abgekühlt ist, gieße den Sud durch ein doppeltes feines Leinen in ein starkes Glas, damit du es bei Bedarf nutzen kannst. Achte darauf, dass das Glas so verschlossen ist, dass nichts in die Luft entweicht.

So wird es zur Wundheilung angewandt: nimm eine silberne Spritze, die stets sauber und rein sein muss. Man kann sie für tiefe Wunden verwenden, die man dreimal pro Tag auf diese Weise behandelt: reinige die Wunde vorsichtig mit einem

---

[77] Auch Hakenbüchse genannt, Vorderlader aus dem 15. und 16. Jahrhundert.
[78] Auch Charpie, gezupfte Fasern aus Baumwolle oder Leinen, diente als Wundverbandmaterial.

kleinen, gebleichten, in den Sud getränkten Tuch, dann spritze drei- oder viermal diesen Sud in die Wunde und bedecke sie mit einem kleinen, dünnen Tuch, das in diesen Sud getränkt wurde und bedecke sie mit einem Blatt Rotkohl und auf das Blatt lege noch eine mit dem Sud angefeuchtete Kompresse und bandagiere die Wunde leicht, die in kurzer Zeit heilen wird. Achte darauf, sie in dem Maße zu reinigen, wie sie sich verschließt, um nicht den Wolf in den Schafstall zu lassen.

Ein weiteres zum gleichen Thema.

Staunend erlebte ich, in welch prompter Weise ein Soldat in Polen ohne jegliche Medikamente einen seiner Kameraden heilte, der von zwei tödlichen Säbelhieben verwundet worden war. Er begann, dessen Mund und die Zähne mit Branntwein zu reinigen, und dann mit Rosenwasser für frischen Atem ohne Geruch zu sorgen. Dann nähert er sich dem Patient, deckte seine Wunde auf, die ganz blutig war, und nachdem er sie gründlich mit Spitzwegerich-Wasser gereinigt hatte, stillte er die Blutung mit leichtem Druck und trocknete die Wunde mit einem in Spitzwegerich-Wasser getauchten Tuch ab. Dann nähert er sich mit seinem Mund der Wunde, so dass sein Atem davon zurückgeworfen wurde. Er sprach folgende Worte und machte das Zeichen des Kreuzes über der Wunde, so wie es hier wiedergegeben ist: Jesus Christus wurde geboren † Jesus Christus ist gestorben † Jesus Christus ist auferstanden † Jesus Christus befiehlt der Wunde, dass das Blut still stehe † Jesus Christus befiehlt der Wunde, dass sie sich schließe † Jesus Christus befiehlt der Wunde, dass sie weder Eiter noch Gestank erzeuge † gleichsam der fünf Wunden, die er an seinem heiligen Leib erhielt † ... dann fuhr er fort und sprach: Säbel, ich befehle dir im Namen und durch die Macht dessen, dem alle Lebewesen gehorchen, richte keinen Schaden an diesem Geschöpf mehr an, wie die Lanze, die die heilige Seite Jesu Christi durchbohrte, als er ans Holz des Kreuzes geschlagen wurde, im Namen des Vaters † und des Sohnes † und des Heiligen Geistes. † Amen.

Wenn die Wunde ganz durch geht, muss die gleiche Zeremonie auf der anderen Seite wiederholt werden, und sie wird mit einer Kompresse, in Spitzwegerich-Wasser getränkt, abgedeckt, die alle 12 Stunden erneuert wird; und der Patient wird bald genesen.

Eine weiteres wundervolles, um einen verstauchten Fuß zu heilen.

Man unternehme diese Heilung so schnell wie möglich, um der Entzündung keine Zeit zu lassen, und die Verstauchungen wird bald geheilt sein. Derjenige, der die Operation durchführt, muss seinen linken Strumpf ausziehen und den Fuß nutzen, um drei Mal den Fuß des Kranken zu berühren, und um mit demselben linken Fuß das Kreuzzeichen über dem kranken Fuß zu machen, und sprich folgende Worte, sprich das erste Mal *Antè* †; beim zweiten Mal *Antè tè* †; beim dritten Mal *Super Antè tè* †. Der kranke Fuß muss über der verstauchten Stelle berührt werden, und so kann man Pferde und ebenso Menschen heilen.

Diejenigen, die sagen, diese Art zu heilen wäre Aberglaube, sollten wissen, dass viele kluge Menschen dieser geheimnisvollen Heilkunst, die sich auf das Wunderbare stützt, ihre Zustimmung gaben, deren Ursachen genauso verborgen sind wie diese: Wer kann zum Beispiel die physiologischen Ursachen erklären, die ich in einem Buch der Geheimnisse, in Paris mit Approbation und Privileg gedruckt, über ein unfehlbares Heilmittel zur Heilung der Schlaflosigkeit und der übermäßigen Schläfrigkeit gelesen habe? Man nehme also eine große Kröte und trenne den Kopf vom Körper mit einem Schlag und lasse ihn dann trocknen. Und da es immer vorkommt, dass von den beiden Augen des Kopfes, wenn er vom Rumpf getrennt wurde, eines offen und eines geschlossenen ist, muss die Person, die schlafen möchte, das geschlossene Auge tragen, und die Person, welche zu müde ist, muss das offene Auge der Kröte bei sich tragen ... Und darüber hinaus: welche wunderbaren Eigenschaften hat ein pulverisierter menschliche Schädel, um ausgeprägte Geschwüre schnell zu heilen? Es scheint sogar gegen die Vernunft und die Prinzipien der Medizin, dass Gegensätze durch ihre Gegensätze geheilt werden. Aber dieser approbierte und privilegierte Autor sagt, dass das Schädel-Pulver, selbst verdorben, etwas anderes verdorbenes heilt. Im Vertrauen auf diesen Schriftsteller hat ein Pariser Präsident, das heißt also ein Mann von Intelligenz und gutem Urteilsvermögen, dieses Geheimnisse mit gutem Erfolg erprobt, ohne zu befürchten, als abergläubisch zu gelten.

Der gleiche approbierte und privilegierte Autor sagte, um das Nestelknüpfen[79] unschädlich zu machen, ist es notwendig, dass die Person drei Arten von Kräutern in einer kleinen Tasche um den Hals gehängt trägt: Kermesbeeren, Beifuß und Eichenmistel, Kermesbeeren am 23. September gesammelt, Beifuß und Eichenmistel am 24. Juni, vor Sonnenaufgang.

Weiterer Punkt. Um kranke Augen zu heilen: verbrenne auf Kohlen eine abgelegte Schlangenhaut und lass den Rauch in die Augen steigen. Folgende Vorgehensweise ist eine wunderbare Heilung von Blinden aus dem Evangelium: als der Erlöser Schlamm auf die Augen legte, um ihm wieder seine Augenlicht zu geben[80] ...

Weiterer Punkt. Körner oder Samen der Brennnessel in einen Kessel gegeben, verhindert, dass das Fleisch verkocht, egal wie stark das Feuer ist ...

Weiterer Punkt. Um böse Begegnungen auf Reisen zu vermeiden, ist es notwendig, sagt der Autor, die Zunge einer Schlange in die Degenscheide zu legen.

Weiterer Punkt. Um zu verhindern, dass eine Aekebuse richtig trifft, reibe man das Laufende mit Zwiebelsaft ein.

Es gibt in diesem approbierten Buch viele weitere Geheimnisse, die durch die Vernunft nicht autorisiert worden wären; und dennoch erklären die Weisen sie nicht als abergläubisch, indem sie sie auf okkulte und unbekannte Ursachen beziehen. Wie Plinius sagt, um das Eindringen von Skorpione in Häusern zu verhindert, vor allem in den Ländern und bei einem Klima, wo diese Ungeziefer in großen Mengen vorkommen, ist es notwendig, dass man einen kleinen Beutel mit Haselnüssen über die Türe hängt. Diese Naturforscher begründen dies mit der geheimen Antipathie zwischen diesen Schlangen und dem Haselstrauch, deren Frucht die Haselnüsse sind. Auch der Meerrettich hat eine ähnlich hohe Antipathie gegen Skorpione, werden sie darauf gelegt, sterben sie.

Der gleiche Plinius erzählt, um zu verhindern, dass Weinreben durch Frost oder Hagel beschädigt werden, müssen zwei junge Männer einen Hahn ergreifen und sich in der Nähe des Weinberges aufstellen. Jeder packt den Hahn an seinen Beinen und Flügel und ziehen ihn kräftig auseinander und reißen ihn so in Stücke. Dann

---

[79] Zauber durch binden von Knoten an einer Schnur.

[80] Ausschnitt aus der Einheitsübersetzung, Joh 9,6: ... spuckte er auf die Erde; dann machte er mit dem Speichel einen Teig, strich ihn dem Blinden auf die Augen ...

gehen sie durch die Weinreben, indem sie sich den Rücken zuwenden. Sie besprengen Zwischenraum um Zwischenraum mit dem Blut des Hahns, und dort, wo sie sich bei ihrem Rundgang wieder begegnen, begraben sie die Teile des zerrissen Hahns. Dieser schützt vor Hagel und Stürmen und verhindert auch, dass Tiere zu den Reben kommen. Einige andere sagen, dass der Duft beim Verbrennen oder Rösten der Leber eines Chamäleons auf einem Kohlenfeuer in einem Feld oder Weinberg einen Hagelsturm beschwört und zerstreut.

Gute Leute vom Land erzählten mir, sie haben immer wieder Hagel und Sturm vertrieben und beschworen, indem sie einen Spiegel den Wolken entgegenhielten. Desgleichen, indem sie mehrerer Schlüsseln aus verschiedenen Häusern mit einer kurzen Schnur zusammengebunden haben, und diese in einem Kreis auf die Erde legten.

Weiterer Punkt. Lege eine Schildkröte auf den Rücken, so dass sie sich nicht aufrichten oder weglaufen kann und es ist gewiss, so lange sie in dieser Haltung bleibt, werden weder Hagel noch Sturm auf das Feld oder den Weinberg fallen. Das sind die erprobten Mittel, die die Dorfbewohner täglich anwenden, welche sie von ihren Vorfahren lernten, durch die Tradition vom Vater auf den Sohn weitergegeben.

Von den Alraunen.

Obwohl die meisten Dorfbewohner in Unwissenheit und in einer Art grober Dummheit leben, besitzen sie aber gewisse Kenntnisse und Praktiken, deren Wirkung, die sie damit erzielen, einige Bewunderung gezollt werden muss. Ich erinnere mich an einen reichen Bauer, bei dem ich eingekehrt bin, der einst sehr arm war und elendiglich lebte, so war er gezwungen, als Tagelöhner für anderen zu arbeiten. Da ich ihn aus der Zeit seines Elends kannte, nahm ich die Gelegenheit wahr, ihn zu fragen, was er getan hatte, um in so kurzer Zeit reich zu werden. Er erzählte mir, da er verhindert hatte, dass ein Zigeunerin wegen dem Diebstahl von ein paar Hühnern geschlagen und misshandelt wurde, hatte sie ihm das Geheimnis gelehrt, eine Alraune zu machen, und seit dieser Zeit läuft alles bestens, und es vergehe kaum ein Tag, an dem er nicht etwas findet. Hier folgt nun die Art und Weise, wie die Zigeunerin ihn lehrte, die Alraune zu machen, deren Gestalt ich hier graviert habe. Man nehme die Wurzel der Zaunrübe, die eine menschenähnlich

Gestalt hat, ziehe sie an einem Montag im Frühjahr aus dem Boden, wenn der Mond in einer glücklichen Konstellation steht, also in Konjunktur mit dem Jupiter oder in günstigem Aspekt mit der Venus. Schneide die Enden der Wurzel ab, wie es die Gärtner tun, wenn sie eine Pflanze umsetzen wollen, dann muss sie auf einem Friedhof in der Mitte des Grabes eines Toten vergraben werden, und gieße sie vor Sonnenaufgang einen Monat lang mit Kuhmilch, in der man drei Fledermäuse ertränkt hat. Hole sie am Ende dieser Zeit aus der Erde heraus, und man findet sie der menschlichen Gestalt noch ähnlicher. Man trocknet sie in einem heißen mit Eisenkraut befeuerten   Ofen, wickelt sie in ein Stück Leichentuch, das verwendet wurde, einen Toten einzuhüllen und hebe sie auf. Wenn man im Besitz dieser geheimnisvollen Wurzel ist, hat man das Glück, stets etwas auf der Straße zu finden oder man gewinnt im Glücksspiel oder beim Handel, so dass man sieht, wie sich jeden Tag Hab und Gut vermehren. So erzählte mir der Bauer ganz naiv, sei er reich geworden.

Es gibt eine andere Arte von Alraunen, und das sind, so sagt man, die Kobolde, Elfen oder Dienstgeister, die verschiedenen Zwecken dienen. Einige von ihnen sind sichtbar, in Form von Tieren, andere sind unsichtbar. Ich befand mich in einem Schloss, dort gab es jemanden, der seit sechs Jahren bedacht war, eine Uhr aufzuziehen und die Pferde zu striegeln. Er vollzog diese beiden Geschäfte mit allergrößter Sorgfalt, wie man es sich nur wünschen kann. An einem Morgen blickte ich neugierig in den Reitstall. Zu meinem großen Erstaunen sah ich den Pferdestriegel auf dem Pferderücken fahren, ohne dass dieser durch irgendeine sichtbare Hand   geführt wurde. Der Stallknecht sagte, dass er diesen Kobold in seinen Dienst gebracht habe, indem er eine kleine schwarze Henne genommen habe, die er auf einem großen Kreuzweg habe bluten lassen. Mit dem Blut der Henne habe er auf ein Stück Papier geschrieben: *Berit wird meine Arbeit für die nächsten 20 Jahre erledigen, und ich belohnen ihn.* Nachdem er das Huhn einen Fuß tief begraben habe, habe sich der Kobold am selben Tag der Uhr und der Pferde angenommen, und von Zeit zu Zeit mache er Funde von Wert. Einbildung ist es aber, wenn einige Leute annehmen, dass das, was sie Alraune nennen, ihnen jeden Tag einen gewissen Tribut zahlt, zum Beispiel einen Taler, eine Pistole, mehr oder weniger. Ich habe dies nur von Leuten mit schwachem Verstand sagen hören. Und alle, die mit großer Gewissheit davon sprachen, sagten mir nichts, außer dass sie, wenn sie die Dienste dieser Art der Alraunen in Anspruch nahmen, Glück im

Spiel hätten oder dass sie auf der Straße Gold oder Edelsteine fänden und während des Schlafes würden sie manchmal inspiriert werden, zu welchem Ort sie gehen sollen, an dem man etwas finden könne. Ich werde dieses Thema durch die Geschichte einer Alraune beenden, die ich in Metz in den Händen eines reichen Juden gesehen habe, sie hatte die Gestalt eines kleinen Ungeheuers, ähnlich der Abbildung, wie ich sie hier graviert habe. Sie war nicht größer als eine Faust; dieses kleine Ungeheuer hatte keine fünf Wochen gelebt, und in dieser kurzen Zeit hatte er dem Juden sein Glück gebracht. Er erzählte mir, am siebten Tag, nachdem er sie bekommen habe, wurde er in der Nacht im Schlaf inspiriert, zu einem alten Gemäuer zu gehen, wo er eine sehr beträchtliche Summe Silbermünzen und eine Menge Goldschmuck in der Erde verborgen gefunden habe, und seit dieser Zeit gedieh sein Geschäft. Es überraschte mich sehr, als er mir sagte, wie er zu der Alraune gekommen sei. Ich befolgte, sagte er, was der berühmte Avicenna[81] zu diesem Thema geschrieben hatte. Man nehme ein großes Ei einer schwarzen Henne, mache ein Loch hinein und lass ein wenig Eiweiß von der Größe einer Saubohne heraus und danach fülle man menschlichen Samen hinein, dann verschließe man das Loch vorsichtig mit einem kleinen Stück feuchtem Pergament, dann lasse man es am ersten Tag des Mondes im März, wenn Merkur und Jupiter in einer günstigen Konstellation stehen, bebrüten. Nach einer angemessenen Zeit schlüpft aus dem Ei ein kleines Ungeheuer, wie ihr es gesehen habt. Wir haben es in einem geheimen Raum mit Aspikklümpchen und Regenwürmern gefüttert. Was man hier sieht, lebte nicht länger als einen Monat und fünf Tage. Um ihn nach seinem Tod zu konservieren, haben wir ihn in ein starkes Glas mit Weingeist gelegt und gut verschlossen.

Erläuterung der beiden Talismane.

Die beiden Talismane, die man unterhalb der Alraune graviert sieht, wurden aus dem Schlüssel Salomon entnommen. Die Originale kann man in dem Kabinett des Herzogs von Litauen sehen. Sie wurden von dem gelehrten Rabbi Isaac Radiel gemacht. Alle beide stehen unter der Herrschaft des Planeten Merkurs, wie man unschwer aus den Charakteren ersehen kann, die auf dem zweiten abgebildet sind.

---

[81] Auch Ibn Sīnā, ca.* 980; † 1037, war ein persischer Arzt, Astronom und Alchemist.

Ihre Eigenschaften erstrecken sich über den Handel, Reisen und Spiele, es sind die Themen, die zum Merkur passen. Diejenigen, die etwas über diese kabbalistischen Wissenschaft der Talismane lernen möchten, sollten die Ausführungen der Werke von Paracelsus, Cardan, Iamblichos, de Jean-Baptiste Porta, Campanel, Gaffarel, van Helmont, Junctin, Trithemius, Agrippa, Coclenius, Moncejus und Flud(d) lesen; diese Autoren behandeln die Themen der astrologischen, kabbalistischen und natürlichen Prinzipien sehr eingehend.

Vom sympathischen Pulver.

All diejenigen, die sich mit diesem wunderbaren Geheimnis beschäftigt haben, haben sich bis zum heutigen Tage bemüht, mit großen physikalischen Argumentationen die Realität desselben zu beweisen; und da es schwierig ist, deutlich über etwas zu sprechen, das selbst höchst obskur und verborgen ist, ist es kein Wunder, dass diese Herren Physiker weder viele Ungläubige bekehrt, noch Weise durch ihre Argumente überzeugt haben. Sir Digby[82] ist einer von denen, der am deutlichsten sprach und doch hat er sich nicht allen Menschen gegenüber verständlich gemacht, weil sie annahmen, dass diese Prinzipien zu Recht nach einer Begründung verlangen, genauso wie die Geheimnisse, die sich auf diese vermeintlichen Prinzipien stützen.

Man nehme guten, römischen Vitriol, den man kalziniert oder vielmehr von seiner überflüssigen Feuchtigkeit reinigt, indem man ihn für drei oder vier Tage der heißen Sonne aussetzt, nachdem man ihn in einem Glasfläschchen gut verschlossen hat. Man verdünne dieses Vitriol mit über Feuer gefiltertem Regenwasser in einem kleinen Becken, gebe eine Unze zu einer Pinte Wasser. Will man im Sommer eine Heilung durchführen, soll dieses Wasser dem Feuer nicht zu nahe kommen, denn es muss weder zu kalt noch zu warm sein, sondern die Temperatur muss zwischen kalt und heiß liegen. Tauche ein Tuch in diese vitriolische Mischung, das mit dem Blut der Wunde getränkt ist, die du heilen möchtest, und ziehe sie dann wieder wohl angefeuchtet heraus.

Hat man den Patient von dem Ort entfernt, wo die Operation durchgeführt wurde, und das erste Leinen ist durchgeblutet, und man kann nicht bequem an ein weiteres kommen, genügt es, das gleiche Leinen alle 12 Stunden in vitriolischem Wasser einzutauchen und dieses Tuch an einem wohl temperierten Ort aufzuheben. Es ist bemerkenswert, dass der Patient jedes Mal Linderung an seiner Wunde verspürt, wenn du das Tuch anfeuchtest, ähnlich wie bei einem geschickten Chirurgen, wenn er die Wunden neu verbindet; und der Patient wird in sehr kurzer Zeit geheilt sein, aufgrund der unschätzbaren Kraft des Vitriols, von der wir an anderer Stelle Gelegenheit haben werden zu sprechen.

---

[82] Sir Kenelm Digby, * 1603; † 1665, vielseitiger Naturphilosoph, genannt "magazine of all arts".

Wie man künstliches Gold herstellt.

Man findet Gold nicht nur durch Graben und Schürfen in den Eingeweiden der Erde. Die Kunst kann die Natur an dieser Stelle nachahmen, da sie sie in vielerlei Hinsicht perfektioniert. Ich werde hier erklären, was unendlich oft erprobt wurde, und es ist unter denjenigen, die an dem großen Werk arbeiten, sehr gewöhnlich. Nimm einen großen Schmelztiegel, der stärkstem Feuer stand hält, und nachdem er auf einem gut brennendem Ofen steht, lege auf den Boden des Tiegels pulverisiertes Kolophonium[83] in der Dicke des kleinen Fingers, und streue auf dieses Kolophonium in der Dicke des kleinen Fingers feines Pulver aus Eisenspäne, bedecke diese Späne mit ein wenig rotem Schwefel. Fache das Feuer des Ofens an, bis die Eisenspäne schmelzen, wirf dann Borax hinein, wie es die Goldschmiede beim Schmelzen von Gold verwenden. Wirf dann die gleiche Menge rotes Arsen hinein, und dann Silber vom gleichen Gewicht der Eisenspäne, und lasse diese Mischung kochen, indem man den Ofen stark anfacht, und hüten dich davor, den Dampf aus dem Tiegel einzuatmen, wegen dem Arsen. Nimm einen anderen Tiegel, in den du durch Neigung die glühende Mischung hineingießt, die du vorher gut mit einem Eisenspatel verrührt hast, und sorge dafür, dass alles in den zweiten Tiegel fließt, gereinigt und ohne Rückstand. Mittels des Scheidewassers[84] wird sich das Gold auf dem Boden niederschlagen. Wenn du es aufgesammelt hast, schmelze es in einem Tiegel, und du hast schönes Gold, das dich für deine Mühen und Kosten entlohnt. Ich entnahm dieses Geheimnis aus einem Buch mit dem Titel *das hermetische Kabinett*, und die Leichtigkeit, mit der man erfolgreich sein kann, lud mich ein, dieses Experiment mehrfach zu wiederholen, umso lieber, als ich das Gleiche in einer Ausführung des sehr gelehrte Basilius Valentinus las, der sagte, dass diese Probe des großen philosophischen Werkes in weniger als drei oder vier Tage gemacht werden kann, und die Ausgaben einer Summe von drei oder vier Gulden[85] nicht übersteigt, und drei oder vier irdene Gefäße ausreichen.

---

[83] Ein Baumharz.

[84] Salpetersäure, es löst alle Metalle außer Gold auf, das übrig bleibt, das Gold also abscheidet.

[85] Wörtlich "florins".

Weiteres zum gleichen Thema.

Hier ist eine weitere Möglichkeit, die uns Karawanen, Spanier aus den Kolonien Amerikas, hinterlassen haben. Nimm gediegenen Schwefel, Salz, Salpeter, gleich viel von jedem, das heißt etwa vier Unzen. Pulverisiere alles gut, fülle es in ein bauchiges Gefäß oder in eine große Retorte aus starkem Glas, die mit Ton gut verkittet wird. Mache für zwei Stunden ein schwaches Feuer an, erhöhe dann die Hitze, bis kein Rauch mehr aufsteigt. Nach dem Rauch steigt aus dem Hals an der Seite der Retorte eine Flamme heraus, und wenn diese Flamme verlischt, wirst du den Schwefel am Boden von weißlicher Farbe, fixiert ausgefällt sehen. Hole ihn heraus. Gebe Ammoniaksalz darauf, zerkleinere und pulverisiere alles sehr fein, und wenn es beginnt, über einem schwachen Feuer zu sublimieren, verstärke das Feuer nach und nach, bis es in den nächsten vier Stunden aufgestiegen ist. Entferne dann alles aus dem Gefäß, was sublimiert wurde, sowie das, was auf dem Boden zu finden ist, vermische alles zusammen und sublimier es weitere sechs Mal auf diese Weise. Danach sammele den Schwefel am Boden des Gefäßes auf, zerstoße ihn auf Marmor an einer feuchten Stelle, und er verwandelt sich in ein Öl. Gebe davon sechs Tropfen auf einem in einem Tiegel geschmolzen goldenen Dukaten, und dieser wird zu einem Öl werden, das gerinnt, wenn man es auf Marmor gibt, und wenn du einen Teil von diesem Öl auf 50 Teile präpariertes und gereinigtes Quecksilber gibst, wirst du exzellentes Gold erhalten.

Weiteres zum gleichen Thema, in England von Raimundus Lullus erprobt, in Anwesenheit der Häupter am Hofe.

Wie also die wahren Operateure der großen philosophischen Kunst einvernehmlich übereinstimmen, ist der Mond, das heißt, das Silber an sich, bezüglich seiner Substanz die wahre Sonne, das heißt Gold; und dass man es nicht anders bereiten solle, als durch eine perfekte Kochung. Um also die perfekte Kochung zu bereiten, gehe auf diese Weise vor, um es in erprobter Weise zu machen: bereite Asche aus Weinreben, Pferde- oder Rinderknochen, gut verbrannt und kalziniert, bis dass sie sehr weiß sind; pulverisiere die Asche gut und gib sie in ein irdenes, glasiertes Gefäß, fülle Stahlwasser hinein und füge genauso viel guten Branntkalk wie Asche hinzu; koche alles zusammen, bis die Hälfte des Wassers reduziert ist; gebe dann vier Unzen gutes Feinsilber hinzu, das du zu kleinen Plättchen geschlagen hast, etwa so dick wie eine Münze[86], wirft deine zwölf Plättchen Silber in den Topf mit dem Asche-Sud, und lass es weiter kochen, bis die Hälfte dieser Hälfte Wasser reduziert ist; entferne dann deine zwölf silbernen Plättchen, trockne sie sofort mit einem weißen Tuch und lasse den Rest der Mischung in dem Gefäß ruhen. Auf der Oberfläche wird sich eine Art Salz in kristalliner Form bilden, sammele es mit einem Zinnlöffel auf, und gieße ein wenig weiteres Stahlwasser in das Gefäß, und koche es wieder auf und lass es dann abkühlen, um erneut das Salz zu entfernen, das sich auf der Oberfläche bildet. Führe diese Kochungen fort, bis deine Mischung fast kein Salz mehr bildet. Füge zu diesem philosophischen Salz die vierfache Menge Salz hinzu, das man auch vegetabilisches Salz nennt, das aus Schwefel, Salpeter und Weinstein besteht, in der Art, wie es die guten Künste der Weisen zu bereiten wissen, man findet es bei guten Apothekern. Nimm außerdem das vierfache davon an gutem Zement der rötesten Ziegeln, die du finden kannst, zerreibe ihn zu einem feinen Pulver. Schlage ebenso viele kleine Platten aus Dukatengold, wie du Silberplättchen vorbereitet hattest, die einen wie die anderen von gleichem Gewicht. Nimm den besten Tiegel, den du bekommen kannst. Auf dessen Boden mache eine Lage mit dem Pulver aus den Salz, dem roten Ziegelzement zusammen mit ein wenig Borax, welches die Goldschmieden verwenden; bedecke die erste Lage mit einem Goldplättchen, das du mit einer zweite Lage aus Salz und Zement bedeckst, und lege dann ein zweites Goldplättchen darauf und verfahre so bis zum zwölften, das ebenso wie die anderen bedeckt wird. Dichte den Tiegel dann ab und verkitte ihn mit Ton und stelle ihn solange in einen heißen Ofen, bis man davon ausgehen kann, dass das Gold geschmolzen ist und sich auf dem Boden des Tiegels niedergeschlagen hat. Ist dies geschehen, nimm ein anderes Gefäß in der Form einer Retorte, mit nur einer Öffnung, die man öffnen und verschließen kann, wenn sie im Ofen steht. Gib dein Gold zusammen mit ein wenig Borax zum Einschmelzen in dieses Gefäß, und wenn du annehmen kannst, dass das Gold geschmolzen ist, wirf in das Gefäß durch die Öffnung die vorbereiteten Silberplättchen, die das Gold auffrisst und es ernährt. Fahre so fort und wirf alle 12 Stunden ein Silberplättchen in das Gefäß bis zum letzten, und trage große Sorgfalt, das Feuer bei gleicher Intensität zu halten, so dass

---

[86] Wörtlich: Sol, mittelalterliche Münze.

das Material stets geschmolzen bleibt. Wenn deine zwölf Silberplättchen verzehrt sind, kannst du das Feuer ausmachen und das Gefäß abkühlen lassen, in dem du fast doppelt so viel Gold findest, als du hineingetan hast. Dies ist ein gutes Lösungsmittel, um Gold zu vermehren, wenn man genau diese Methode befolgt, die ich hier angegeben habe. Wir können es um das Millionenfache vermehren.

Weiteres zum gleichen Thema.

Wäre der große Name Aristeas[87] unter den Künstlern des großen Werkes nicht so renommiert, hätte man Mühe zu glauben, was er in der Schrift an seinen Sohn sagt, die ihn in das Unternehmen des großen philosophischen Werkes unterrichtet. Man entdeckt Mitten in der Finsternis dieser Schrift, die Aristeas erdacht hat, dass der geheimnisvolle Stein der Philosophen aus verdichteter und künstlich greifbar gemachter Luft hergestellt werden soll. Hier folgt die Art, wie er seinen Sohn in dieses große Thema eingewiesen hat.

Mein Sohn, nachdem ich dir das Wissen aller Dinge gelehrt habe, und du gelernt hast, wie du leben sollst, und wie du dich nach den Maximen der großen Philosophie benehmen sollst, nachdem ich dir ferner alles über die Ordnung der Natur und die Herrschaft des Universums gelehrt habe, bleibt mir nur noch, dir die Schlüssel zur Natur mitzuteilen, die ich bisher mit größter Sorgfalt bewahrt habe. Zwischen all diesen Schlüsseln, mit denen die erhabensten Genies verschlossene Orte öffnen, steht dieser an erster Stelle: er ist die Urquelle aller Dinge, und es gibt keinen Zweifel, dass Gott ihm göttliche Eigenschaft verliehen hat.

Besitzt man diesen Schlüssel, werden die Reichen erbärmlich, ebenso wird es keinen Schatz geben, der sich mit ihm vergleichen kann. In der Tat, was bedeutet Reichtum, wenn du von körperlichen Gebrechen heimgesucht wirst? Was sind große Schätze, wenn man sieht, dass uns der Tod niederstreckt? Es gibt keinen Reichtum, den man nicht aufgeben müsste, wenn der Tod uns packt. Dies ist nicht das gleiche, wenn ich den Schlüssel besitze; denn durch ihn sah ich den Tod von mir weichen, und ich bin sicher, dass ich eine geheime Macht besitze, die die ganze Furcht vor dem Elend dieses Lebens verbannt. Ich habe Reichtum zu gebieten, und mir fehlt es nie an Schätzen; Mattigkeit weicht von mir, und ich zögere das

---

[87] Aristeas von Prokonnesos, antiker griechischer Dichter und Magier aus dem 7. Jahrhundert v. Chr.

Herannahen des Todes hinaus, wenn ich den goldenen Schlüssel des großen Werkes besitze.

Dies ist der Schlüssel, mein Sohn, den ich dir vererben werde; aber ich beschwöre dich im Namen Gottes und der heiligen Stätte, die er bewohnt, schließe ihn in der Kammer deines Herzens ein und unter dem Siegel der Verschwiegenheit; wenn du weißt, wie er zu benutzen ist, wird er dich mit Vermögen überschütten, und wenn du alt oder krank bist, wird er dich verjüngen, er wird dir Erleichterung bringen und dich heilen; denn er hat die Kraft, alle Krankheiten zu heilen, er lässt alle Metalle leuchten und macht diejenigen glücklich, die ihn besitzen. Diesen Schlüssel haben unsere Väter unter dem Bande des Eides uns empfohlen. Lerne ihn kennen und höre nicht auf, für die Armen, die Witwen und Waisen Gutes zu tun, denn das ist sein Siegel und sein wahre Charakter.

Wisse, dass alle Wesen, die unter dem Himmel in verschiedene Arten unterteilt sind, vom gleichen Prinzip stammen, und es die ist Luft, der sie ihr allgemeines Prinzip ihrer Geburt verdanken. In der Ernährung zeigt sich das Prinzip eines jeden, da sie das Rückgrat des Lebens ist, darüber hinaus gibt sie das Sein. Der Fisch erfreut sich des Wassers und das Kind saugt an seiner Mutter. Der Baum bringt keine Frucht hervor, wenn der Stamm keine Feuchtigkeit mehr hat. Man erkennt durch das Leben das Prinzip der Dinge; das Leben der Dinge ist die Luft, folglich ist die Luft ihr Prinzip. Deshalb verdirbt die Luft alle Dinge, und wie sie ihnen das Leben gibt, so raubt sie es ihnen gleichermaßen. Holz, Eisen, Stein werden durch das Feuer dahingerafft, und das Feuer kann nicht ohne die Luft bestehen. Aber was die Ursache des Verderbens ist, ist sie auch Teile der Zeugung.

Auch wenn die Kreaturen durch verschiedene Verderbnisse leiden, sei es durch die Zeit oder durch das Schicksal, wird die Luft endlich zu ihnen kommen; sie wird sie erlösen, sie heilen, entweder weil sie unvollkommen sind oder dahinschwinden. Die Erde, der Baum und das Gras, die alle durch die übermäßige Glut verdorren – alle Dinge werden durch den Morgentau der Luft wieder hergestellt. Aber kein Geschöpf kann anders als in seiner eigenen Natur geheilt und wiederhergestellt werden; die Luft ist die Quelle und der Uranfang aller Dinge, sie ist ebenso der universelle Ursprung. Man sieht deutlich, dass der Samen, der Tod, die Krankheit und die Heilung aller Dinge in der Luft liegen.

Die Natur hat in die Luft alle ihre Schätze gelegt, indem sie dorthinein die Prinzipien der Erzeugung und der Verwesung aller Dinge gelegt hat, und diese sind hinter einer besonderen und geheimen Türe verschlossen. Aber es bedeutet wahrlich den goldenen Schlüssel zu dieser Türe zu besitzen, wenn man es versteht, sie glücklich genug zu öffnen, um die Luft zu schöpfen, die wiederum Luft ausströmt, denn wenn du nicht weißt, wie aus der Luft zu schöpfen ist, ist es unmöglich, das zu erlangen, was generell alle Krankheiten heilt, und wie man das Leben der Menschen wiederherstellt oder bewahrt.

Wenn du, oh mein Sohn, es wünschst, alle Gebrechen zu vertreiben, musst du das Mittel in der ursprünglichen und universellen Quelle suchen. Die Natur bringt Ähnliches nur durch Ähnliches hervor, und nur das Ähnliche oder Gleichförmige in der Natur vermag der Natur Gutes zu tun. Lerne also, mein Sohn, die Luft zu schöpfen, lerne, den Schlüssel der Natur zu bewahrt. Es ist wirklich ein Geheimnis, das den Geist gewöhnlicher Menschen übersteigt, nicht aber den der Weisen. Wisse, wie man Luft aus Luft zieht, das himmlische Arkanum, die Kreaturen vermögen die Luft gut zu kennen; aber um die Luft zu ergreifen, muss man den geheimen Schlüssel der Natur besitzen.

Dies ist ein großes Geheimnis, die Kraft zu begreifen, die die Natur auf alle Dinge geprägt hat. Denn die Naturen paaren sich mit ähnlichen Naturen; ein Fisch mit einem anderen Fisch, ein Vogel mit einem Vogel; die Luft entsteht aus einer anderen Luft, wie mit einem süßen Köder. Schnee und Eis sind Luft, welche die Kälte erstarren ließ; die Natur gab ihnen die Möglichkeit, die Luft in sich aufzunehmen.

Setzte also eins der beiden Dinge[88] in ein irdenes oder metallenes Gefäß, welches gut verschlossen und verkorkt ist, und nimm die Luft, die sich in der warmen Jahreszeit um das Gefäß verdichtet. Fange das, was aus dem dicken, starken und reinem Hals destilliert wird in einem tiefen und sehr engen Behältnis auf, so dass du damit machen kannst, was du willst, entweder die Strahlen der Sonne oder die des Mondes, das heißt Gold und Silber. Wenn du das ganzen Gefäß gefüllt hast, verschließe es gut, damit der himmlische Funken, der sich darin konzentriert hat,

---

[88] Also Schnee oder Eis.

nicht in die Luft verflüchtigt. Fülle die Flüssigkeit in so viele Gefäße, wie du möchtest. Höre, was du damit machen sollst und schweige.

Baue einen Ofen, setzte darauf ein kleines Gefäß, halb voll flüssiger Luft, die du gesammelt hast, versiegele und verkitte das Gefäß sorgfältig. Entzünde dann dein Feuer, so dass der leichteste Teil des Rauches oft emporsteigt, so dass die Natur das tut, was das zentrale Feuer in der Mitte der Erde kontinuierlich tut, nämlich die Dämpfe durch eine nie aufhörende Zirkulation hin und her zu wiegen. Dieses Feuer muss leicht sein, weich und feucht, ähnlich wie bei einem Vogel, der seine Eier ausbrütet. Setze das Feuer nach dieser Art fort und halten es in diesem Zustand, damit es nicht zu stark brennt, sondern die Früchte der Luft kocht, bis sie, nachdem sie eine Zeitlang in Bewegung geschüttelt wurde, vollständig gekocht am Boden des Gefäßes verbleibt.

Füge dann dieser gekochten Luft neue Luft hinzu, nicht in großer Mengen, aber so viel wie nötig, etwas weniger als beim ersten Mal, fahre fort, bis noch ein halbes Glas flüssiger Luft übrig ist, die nicht verkocht ist. Verfahre so, dass die gekochte Flüssigkeit langsam in warmen Mist gärt, bis sie sich schwärzt, bis sie aushärtet, bis sie sich vereint, sich fixiert und dann rot wird. Dann wird das reine Teil vom unreinen durch das rechtmäßige Feuer und durch die ganze göttliche Kunst getrennt. Nimm einen Teil der reinen, gekochten Luft, die du mit dem reinen Teil, der gehärtet wurde, mischst. Achte darauf, dass sich alles löst und vereint, es wird mäßig schwarz, dann weiß und schließlich ganz rot werden. Dies ist das Ende des Werkes, und du hast das Elixier bereitet, das alle Wunder hervorruft, die unsere weisen Vorfahren aus gutem Grund sehr geschätzt haben, und auf diese Weise wirst du den goldenen Schlüssel zu dem wertvollsten Geheimnis der Natur besitzen, das wahre trinkbare Gold und die Universalmedizin. Ich lasse dir hier eine kleine Probe, deren Trefflichkeit dir durch meine gute Gesundheit, die ich im Alter von über 108 Jahre genieße, bewiesen wird. Arbeite und du wirst ebenso glücklich sein, wie ich es war, und ich es im Namen und durch die Macht des großen Architekten des Universums wünsche.

Diejenigen unter den erfahrenen Künstlern des Großen Werkes, die sich tiefgreifende Gedanken über die Prinzipien, die dem Sohn Aristeas gegeben wurden, gemacht haben, glauben, dass die Arbeit nicht vergeblich sei, wenn man eine Mischung mit echtem Quecksilber-Balsam macht, und hier nun die Methode, die sie angaben, um diesen Balsam zu bereiten.

Nimm ein Pfund bestes Quecksilber, das du bekommen kannst, reinige es dreimal durch eine Lederhaut, und einmal durch kalzinierten Weinstein aus Montpellier, gebe ihn in eine Retorte aus starkem Glas, das einem starken Feuer widersteht; füge hinzu: Vitriol, Salpetersalz, Bergalaun und acht Unzen guten Weingeist. Verkitte die Retorte hermetisch und sorge dafür, dass nichts verdunsten kann. Setze sie 14 Tage zum Gären in warmen Mist, und nach dieser Zeit findet man diese Mischung in triefendes Fett verwandelt. Nun muss man sie in ein heißes Sandbad setzten und das Feuer nach und nach heftig anfachen, bis eine weiße Flüssigkeit wie Milch austritt, die in den Auffangbehälter fällt; fülle sie wieder zurück in die Retorte, um sie zu verfeinern, damit das Phlegma verzehrt wird. Diese zweite Destillation bringt ein weißes, liebliches Öl hervor, das nicht ätzen ist, das alle anderen metallischen Öle zweifellos übertrifft, denn wenn man es mit dem Elixier des Aristeas verbindet, kann man alle Wunder vollbringen, die man von einem so guten Werk erwartet.

Ich weiß nicht, ob ich hier etwas über das Bekenntnis eines Arabers, der über dieses Thema geschrieben hat, vorausschicken soll. Er versicherte, wenn diese beiden Elixiere mit dem gleichen Gewicht feinsten Lebensgoldes oder dem goldenen Niederschlag verbunden werden, hat man zwangsläufig den Stein der Weisen hergestellt. Er behauptet, dass diese Operation in einer starken Glasphiole in einem heißen Sandbad ausgeführt werden muss, und die Kalzination, die auf dem Boden der Phiole verbleibt, kann bis zum hunderttausendfachen vervielfältigt werden und ist erprobt.

Vom Lebensgold oder dem goldenen Niederschlag[89].

Nimm zwei Unzen durch Salz und Weinessig gereinigtes und gesäubertes Quecksilber, verbinde es mit einer Drachme feinem orientalischen, pulverisierten Gold, verknete diese beiden Materialien in einer irdenen, glasierten Schale, erwärme sie ein wenig, damit sie sich gut vermischen. Eine solche Mischung nennt man üblicherweise Amalgam. Gieße diese Mischung in kaltes Wasser, und wenn

---

[89] Niederschlag im Sinne einer Fällung, also das Ausschieden eines festen Stoffes in einer Flüssigkeit.

etwas vom Quecksilber verblieben ist, das sich nicht mit dem Gold verbunden hat, muss man es reinigen, indem man es durch eine Lederhaut treibt. Verbinde es erneut mit deinem Amalgam, das du dann mit destilliertem Essig und Salz wäschst, bis kein Schmutz mehr erscheint. Wenn sich aber die Menge Quecksilber durch die Bewegungen und durch das Reinigen der Mischung reduziert hat, muss man es ergänzen, so dass für eine Drachme Gold acht Drachmen Quecksilber vorhanden sind. Dann legt man die Mischung in einen Alambic aus starkem Glas, der mit Tonerde gut verkittet und abgedichtet ist. Gieße zwei Unzen Scheidewasser darauf, und destilliere die Mischung in einem Sandbad. Gieße zurück, was in das Auffanggefäß gefallen ist. Wiederhole dies bis zu fünf Mal, danach findest du auf dem Boden des Alambics ein Pulver, gib es in ein irdenes Gefäß, das starkem Feuer standhält, begieße dieses Pulver mit gutem Rosenwasser. Nachdem du das Gefäß so verschlossen hast, dass nichts verdunsten kann, setze es in einen Ofen und fache das Feuer an, bis das Gefäß rot wird. Lass es im selben Ofen abkühlen, und dein ausgefälltes Gold ist fertig.

Es hat die Eigenschaft Pest, Pocken, Aussatz, Wassersucht und andere Krankheiten zu heilen, die schwer zu kurieren sind. Es ist trefflich gegen Verstopfung und Leberobstruktion, es ist vorteilhaft für diejenigen, die Gift tranken oder vergiftetes Fleisch aßen; es wird zur Heilung böser Geschwüre und schlimmer Rotläufe verwendet, entweder wenn man es in einer Flüssigkeit einnimmt oder es mit einer Salbe für ein Pflaster vermischt. Man braucht nur das Gewicht von einem halben Heller in zwei Esslöffel gutem Kapillärsirup[90] aufgelöst geben. Es ist gut für Frauen und junge Menschen, und für ältere Menschen löst man das Gewicht von einem Heller in einem halben Glas guten alten Wein.

Um Gold mit Leichtigkeit aufzulösen.

Ich lernte von einem Mönch, einem exzellenten Chemiker, von dessen Fähigkeiten eine Königin von Frankreich so überzeugt war, dass die Verordnungen ihrer Ärzte nicht ausgeführt wurden, wenn der Mönch sie nicht genehmigt hatte. Ich habe, sage ich, von diesem Mönch gelernt, dass Hirschblut Gold schnell auflöst. Hier ist das Rezept: man nehme zwei Pfund Blut eines frisch erlegten Hirsches, destilliere es in

---

[90] Kapillärsirup lässt sich zu feinen Fäden ausziehen, wird aus Stärke hergestellt.

einem Marienbad bis zu fünf Mal, indem man das Destillat stets auf den Trester, der im Alambic verblieben ist, zurückgibt. Beim fünften Mal verwahre man es in einer starke Glasphiole auf, und diese Quintessenz ist so gut und löst so einfach Gold auf, dass man die Probe auf der Hand machen kann, ohne sich zu verletzen.

Ein weiteres zum gleichen Thema, noch überraschender.

Nimm zwei Unzen Salpeter, eine halbe Unze Schwefel, eine halbe Unze Holzspäne von einem trockenen Nussbaum, mache daraus ein sehr feines Pulver, und fülle das Pulver in eine große Nussschale, so viel sie fassen kann. Lege auf das Pulver ein kleines, dünnes Goldplättchen, so dass es den Umfang das gesamten Pulvers bedeckt, und bedecke dieses Plättchen mit dem gleichen Pulver querfingerdick; und du wirst erfahren, dass das Plättchen an der Unterseite der Schale schmilzt, ohne die Schale zu verbrennen. Diese Erfahrung macht man auf dieselbe Art bei anderen Metallen auch.

Um Blei in Feingold zu verwandeln.

Es gibt viele Menschen, die die Methode als ungewiss ablehnen, die der gelehrte Chemiker Falopius[91] in seinem Werk über die Verwandlung von Blei in Feingold hinterlassen hat, weil sie als zu einfach für ein Werk von dieser Bedeutung erscheint. Jedoch ist er nicht der einzige unter den Philosophen, der sich in ähnlichen Worten äußerte. Basil Valentine und Odomarus[92] sagen darüber fast das gleiche wie Falopius. Wie auch immer, hier folgt, was er sagte, wie man verfahren müsse. Gieße ein Pfund zyprisches Kupferwasser in ein Pfund Stahlwasser, welches du durch Filtration gut gereinigt hast. Lass die Lösung 24 Stunden stehen, so dass das Kupferwasser sich vollständig verflüssigt und sich im Wasser aufgelöst hat; destilliere es dann durch Filtration mit einem Stück sehr sauberen Filz und nachher mit einem Alambic in einem heißen Sandbad, und verwahre dieses Destillat in einem starken, gut verkorkten Glas auf. Gib eine Unze gutes, gereinigtes Quecksilber in einen Tiegel, decke ihn ab, um Verdunstung zu

---

[91] Gabriele Falloppio, * 1523; † 1562, war Anatom und Chirurg aus Italien.
[92] Alchemist aus der Mitte des 14. Jahrhundert, lebte in Paris und schrieb die "Practica".

verhindern, und wenn man davon ausgehen kann, dass es beginnt zu kochen, gebe eine Unze gute Feingoldblätter hinzu, und nimm sogleich den Tiegel vom Feuer; ist dies geschehen, nimm ein Pfund feines und sehr gereinigtes Blei von der Art, wie wir es später sagen werden. Ist das Blei geschmolzen, und wurde es von der bereiteten Mischung aus Gold und Quecksilber aufgenommen, vermische diese drei Dinge auf dem Feuer gut mit einer Eisenstange; und wenn alles gut vermischt ist, füge eine Unze Kupferwasser hinzu und lasse alles zusammen für eine kurze Zeit auf dem Feuer verdauen, und wenn die Zusammensetzung abgekühlt ist, wirst du feststellen, dass es zu gutem Gold geworden ist. Beachte, dass das Blei auf folgende Weise präpariert und gereinigt werden muss. Um ein Pfund zu reinigen, muss man in dem Löffel vier Unzen über das Pfund geben, um Schlacke und Verdunstung zu ersetzten. Hat man es zum ersten Mal geschmolzen, löscht man es in guten und starken, gereinigten Essig ab, lässt es wieder schmelzen und löscht es im Saft des Schöllkrauts ab; fahre mit der Schmelzung fort und lösche es in Salzwasser ab; schließlich, zum letzten Male,   lösche es in starkem Essig ab, in dem man Branntkalk gegeben hat, und das Blei wird gut gereinigt sein.

Um Zinn den Klang und die Härte von Silber zu geben, ohne dass es brüchig ist.

Nimm zwei Pfund feines Zinn aus Cornwall, und ein Pfund Blei, gereinigt und geläutert, wie ich es oben angegeben habe. Lege dein Zinn in eine Retorte, die heftigem Feuer trotzen kann; das Zinn muss zu Feilspänen zerkleinert hineingegeben werden. Gib vier Unzen Quecksilber hinzu, wenn es in der Retorte zu kochen anfängt, nimm sie einen Moment später vom Feuer, und gib in die Retorte das Pfund geläuterte, ebenfalls zu Feilspäne zerkleinerte Blei hinzu; richte dann die Retorte so aus, dass du die plötzlichen Verdampfung des Quecksilbers nicht befürchten musst, koche es auf dem Reinigungsfeuer, bis du das Quecksilber aus dem Hals der Retorte tropfen siehst und bis es sich völlig verzehrt hat, dann siehst du am Boden der Retorte das verwandelte Zinn, lass es dann dreimal schmelzen, jedes Mal mit einer guten Unze guten Leinöl; beim letzte Mal, wenn alles geschmolzen ist, gieße es in gute, kochende Kiesellauge, und am Boden des Tiegels findest du das Granulat; schmilz es erneut mit Öl und gieße es in ein neues, irdenes Gefäß, oder bilde einen Block oder eine andere Form, wie du möchtest;

und nach all diesen wiederholten Schmelzungen verbleiben von dreieinviertel Pfund Materie, die man am Anfang hatte, mindestens zweieinhalb Pfund Metall, welches für gutes Silber gelten kann, mit Festigkeit und Klang.

Um Borax herzustellen, mit dem man Gold schmelzen kann.

Da Borax bei einer chemischen Operation mit Gold und Silber höchst notwendig ist, denke ich, ist es hier nicht falsch, die Art und Weise anzugeben, wie man welchen bereitet, der gut zu gebrauchen, aber nicht von hohem Preise ist, um Kosten zu sparen. Die Alten verwechselten Borax mit dem Berggrün[93]; und es gab natürlichen und künstlichen, dessen Eigenschaft es ist, umgehend im Feuer einen Metallkörper aufzulösen und in einen Körper die verteilten Gold- und Silberpartikel aufzusammeln; kurz gesagt dient es jedem Werke, bei dem es eine schnelle und fertige Schmelze bedarf. Der wahre und natürliche Borax, wenn es solchen gibt, stammt gewöhnlich aus Alexandria. In den Schriften der antiken Chemiker wird berichtet, dass er stets aus dieser Gegend gekommen ist, und daher trägt er auch den Namen *Alexandrinischer Salpeter*. Jedoch ist es wahrscheinlich, dass man ihn aus Indien nach Alexandria gebracht hat. Ich sah einen Bericht, der erklärte, welcher Art und Weise sich die Inder bedienen, um ihn aus den Bergwerken zu fördern und aufzubewahren, ihn weiterzuverarbeiten, um ihn dann dorthin zu bringen, wo man es wünscht. Er wird in Bergwerken gefunden, wo man Gold und Silber abbaut, aus einem Art morastigem Wasser, man sammelt es mit dem Schlamm, in dem man es findet; man kocht es eine gewisse Zeit, dann gießt man es durch Gaze oder durch ein Leinen und lässt es abkühlen, dann erstarrt es und wird zu kleinen Steinchen wie Salpetersalz. Die Erfahrung zeigt, wenn man diese Steinchen lange Zeit aufbewahrt, verzehren sie sich und zerfallen zu Staub; um zu verhindern, dass dies geschieht, legt man sie sozusagen ein, und ernährt sie mit Schweine- oder Ziegenfett, zusammen mit dem gleichen Schlamm, aus dem man das Wasser zog, aus dem sie sich gebildet haben. Hier folgt, wie der Schlamm mit dem Fett zu einer Paste geknetet wird. Nachdem man eine Mulde in den Boden gemacht hat, die der Menge, die man aufbewahren will, angemessen ist, macht man zuerst ein Bett aus dem Teig und bedeckt dieses mit den Boraxsteinen, dann macht

---

[93] Mineral, auch Chrysokoll, Kieselkupfer, Kieselmalachit, Kupferkiesel oder Kupfergrün genannt.

man ein zweites Bett aus dem Teig und bedecke dieses gleichfalls mit den Steinen, und so fortlaufend, bis man jedes von diesen kleinen Steinen in den Hohlraum gefüllt hat, und schließlich bedeckt man die Oberfläche des Bereiches mit einer Lage Teig und deckt das Bett mit einer Holzplatte ab, mit Erde darauf. Dies belasse man einige Monate. Will man ihn nun transportieren, legt man ihn vermischt mit dem Teig in kleine Fässer, deshalb ist er fettig und ölig. Frauen, die wissen wie man diesen fettigen Teig destillieren kann, machen daraus eine wunderbare Schminke, um das Gesicht schön und die Haut weich zu machen.

Hier folgt nun, in welcher Weise man mit Leichtigkeit künstliches Borax herstellen kann, das die gleiche Eigenschaft wie das natürliche hat, und sogar von einigen als besser befunden wird. Man nehmen diese mit den Steinchen vermengte Paste, die aber nicht schimmelig sein darf, und lege zehn Pfund in zwölf Pinten kochendes Wasser mit zwei Pfund Olivenöl. Gebe acht, diese Mischung gut abzuschäumen, und lasse sie aufwallen, bis alles gut gekocht ist, was man daran erkennt, dass es an einem Stück poliertem Holz kleben bleibt wie dicker Sirup. Nimm es dann vom Feuer, gieße diese Mischung durch ein durchscheinendes Leinen, lege die Steinchen beiseite, die man abdeckt und gut verschließt, dann setzte man sie zur Gärung für zehn Tage in Pferdemist. Nach dieser Zeit öffne man das Gefäß wieder und entnehme eine kleine Kruste, die man an der Oberfläche findet und lege sie beiseite; der Rest der Materie ist wie kleine Eisstücke, die man mit frischem Wasser abwäscht. Man legt sie zum Trocknen in den Schatten auf einen Tisch. Dann vermischt man sie mit den kleinen Steinen, die man beim Abseihen zurückgehalten hat. Nimm dann drei Pfund Weinstein aus dem Bodensatz gebranntem Weißwein, gebe alles in einen großen Kessel mit dreißig Kannen gut geklärtem Stahlwasser; fügen acht Unzen Salpetersalz und eine Unze Lab[94] hinzu, setzen deine Steinchen und deine Eisstückchen darauf, und koche alles zusammen, wie du es zuvor getan hast. Wenn die Zusammensetzung auf ein Drittel reduziert ist, gebe die Kruste hinzu, die du von der Oberfläche des irdenen Gefäßes entnommen hattest, und koche alles weiterhin, bis dass die oben genannte Probe zeigt, dass alles gut gekocht ist. Versehe dann ein kleines Fass kreuzweise mit mehreren Stöcken mit Zwischenräumen, so dass die ersten Stöcke vom Boden vier

---

[94] Wörtlich "présure de lierre": auch Kälberlab oder Käsemagen, ist ein Gemisch aus Enzymen, welche aus dem Labmagen junger Wiederkäuer im milchtrinkenden Alter gewonnen und zum Gerinnen von Flüssigkeiten und zur Käseherstellung benötigt wird.

Finger breit entfernt sind, um für den Unrat, der mit hineinströmt, Platz zu lassen. Ist dies geschehen, so verschließe man das Fass und vergrabe es für 14 Tage in heißen Mist, um den Borax um die Stöcke gerinnen und fest werden zu lassen. Auf diese Weise wirst du ihn auf mehr als das Vierfache vervielfältigen, und die Probe wird dir zeigen, dass er so gut ist wie der, der aus fremden Ländern gebracht wird.

Um echte orientalische Perlen nachzumachen, so groß wie man nur will.

Nimm vier Unzen der schönsten und weißesten Samenperlen, die du finden kannst, je größer desto besser. Zerkleinere sie, und löse sie in dem reinsten und saubersten Alaunen-Wasser auf und knete sie dann eine Viertelstunde lang mit einem Spatel aus Elfenbein. Hat der Brei seine Konsistenz, wasche ihn vorsichtig mit destilliertem Regenwasser. Nachdem dann das Wasser auf heißen Kohlen verdampft ist, kneten ihn wieder mit Bohnenblütenwasser, und fülle dann die Paste in ein kleines, starkes Glasgefäß, gut verschlossen, und wenn diese für 14 Tage in heißem Mist gegoren hat, forme aus der Paste Perlen in einer silbernen Gießform. Man muss darauf achten, dass die Form vier oder fünf Löcher enthält, um ebenso viele Perlen zu formen, und sie dürfen nicht alle von gleicher Form sein, das heißt, eine muss mehr oder weniger rund sein als die anderen, um die natürlichen besser zu imitieren. Durchbohren sie, wenn sie noch weich sind, mit einer starken Schweinsborste oder einem Schweinehaar.

Hängen sie dann in einen gut verschlossenen Alambic, damit die Luft sie nicht verdirbt, und du wirst sie in einem moderaten Sandbad kochen. Wenn sie dort für etwa sechs Stunden gewesen sind, nimm die Perlen heraus, und wickele sie alle einzeln in ein feines, unverfälschtes Silberblatt; schneide eine Barbe[95] auf, nimm die Eingeweiden heraus, stille das Blut und gebe die Perlen hinein und mache eine Paste aus der Barbe ohne Butter mit Bohnenmehl, und lass dies im Ofen backen.

Wenn du die Perlen aus dem Bauch der Barbe ziehst, und sie glänzen nicht genug, wasche sie fünf oder sechs Mal mit destilliertem Wasser und den folgenden Zutaten: ein Kraut namens Graculi (?), Bohnenblüten, pulverisierten Bergalaun,

---

95 Süßwasserfisch.

Silberglätte[96], zerstoßenen Breitwegerich Blättern, und eine wenig Salpeter. Um sie schließlich so hart zu machen wie die natürlichen, mache eine Paste, wie ich es hier angebe: nimm anderthalb Unze edlen Zinkspat, eine Unze römisches Vitriol, sechs Eiweiß, die man in Breitwegerichwasser die Hälfte einer Viertelstunde schlägt, und vermische alles zusammen in einem Alambic, und mit dem daraus destillierten Wasser mache einen Teig mit Gerstenmehl, durch ein Seidensieb getrieben, und wickele deine Perlen in ein kleines, weißes Leinentuch, backe sie in dem Teig in einem Ofen, und wenn du sicher bist, alles genau beachtet zu haben, wirst du Perlen von hohem Wert haben, die ein erfahrener Juwelier kaum von den natürlichen unterscheiden kann.

Um Moschus nachzuahmen, der für so gut gehalten wird wie orientalischer.

Nimm eine Voliere oder einen kleine Taubenschlag, den du wohl gegen die aufgehende Sonne an einem hellen Ort ausrichtest. Setze sechs rauchfüßige, männlich, ganz schwarze Tauben, wie du sie nur bekommen kannst, hinein, und beginne sie an den letzten drei Tage des Mondes statt mit gewöhnlichen Körnern mit Aspiksamen zu füttern, und statt gewöhnlichem Wasser geben man ihnen Rosenwasser zu trinken. Füttere sie am ersten Tag des Mondes in der folgenden Weise: mache einen Teig aus feinem Bohnenmehl von ungefähr sechs Pfund, knete ihn mit Rosenwasser und knete Pulver aus folgenden Zutaten hinein: nämlich Lavendelblüten, aromatischer Kalmus, jeweils sechs Drachmen, guten Zimt, gute Nelken, Muskatnuss und Ingwer, jeweils sechs Drachmen, alles zu feinem Pulver zerstoßen, und mache aus diesem Teig Kugeln in der Größe von Kichererbsen, und lass sie in der Sonne trocknen, damit sie nicht schimmelig werden. Gib davon viermal am Tag sechs Stück, fahre damit über einen Zeitraum von 18 Tagen fort, tränke sie mit Rosenwasser, und sorge besonders dafür, sie rein zu halten und entferne ihren Kot. Nimm am Ende dieser Zeit ein glasiertes, irdenes Gefäß und schneide jeder Taube den Hals ab, lass das Blut in das Gefäß laufen, das du vorher gewogen hast, so dass du genau weißt, wie viele Unzen Blut in dem Gefäß sind. Hat man dann mit einer Feder den Schaum weggenommen, den man auf dem Blut

---

[96] Bleioxyd.

findet, gebe man guten orientalischen Moschus hinzu, aufgelöst in ein wenig gutem Rosenwasser, man braucht mindestens eine Drachme auf drei Unzen Blut, mit sechs Tropfen Ochsengalle aufs Ganze, und dann legt man dieses ganze Mixtur in einen gut verschlossenen, langhalsigen Kolben, und lasse es für 14 Tage in sehr warmen Pferdemist gären. Es ist jedoch am besten, diese Gärung in der hochstehenden Sommersonne stattfinden zu lassen. Wenn wir sehen, dass das Material in dem Kolben gut getrocknet ist, nimm es heraus und gib es mit Baumwolle in eine neue Bleibüchse. Dieser Moschus wird als so gut und stark befunden, dass er auch dazu dienen kann, anderen zu machen, als ob es der echte orientalische Moschus sei. Auf diese Weise kann ein erheblicher Gewinn gezogen werden, wenn man diese Operation häufig vornimmt, da die Vervielfältigung sich auf mehr als 30 Unzen pro eine Unze erstreckt.

Um grauen Ambra nachzuahmen.

Mache ein feines Pulver aus folgenden Zutaten, die man durch ein feines Sieb treibt: eine Unze Stärke, eine Unze florentinische Schwertlilien, eine halbe Unze Rhodiserholz, eine Unze Benzoeharz, anderthalb Unzen Walrat, eine Drachme guten, orientalischen Moschus, den du in destilliertem Zimtwasser auflöst, und lass eine hinreichende Menge Traganth ebenfalls in diesem Zimtwasser einweichen, und bereite aus all dem einen Teig, den man zur Gärung bringt, wie es bereits beim Moschus gesagt wurde. Wenn man sicher ist, dass er trocken genug sei, verwahre ihn bis zum Gebrauch in einer Büchse mit Baumwolle, und halte sie gut verschlossen, so dass er keinen Luftzug fürchten muss; so hält er sich 10 Jahre lang gut.

Treffliche Räucherpastillen zu breiten.

Nimm vier Unzen Benzoe, zwei Unzen Storax, ein viertel Unze Aloe-Holz, koche diese Zutaten bei schwacher Hitze für eine halbe Stunde in einem glasierten, irdenen Gefäß mit Rosenwasser, das zwei querfingerbreit über den Zutaten steht, welche zerkleinert sein müssen. Gieße die Mischung ab und stelle das Wasser bereit. Nachdem der Satz gut getrocknet ist, zerstoße ihn zu einem feinen Pulver in einem mit einem Pfund guter Weidenkohle erhitzten Mörser. Weiche dann Traganth in dem bereitgestellten Wasser auf und füge deinem Pulver eine Drachme guten orientalischen Moschus hinzu, der in ein wenig Rosenwasser aufgelösten ist. Mache aus allem eine Paste, daraus formst du deine Pastillen in der Länge und Dicke deines kleinen Fingers, das eine Ende spitz, das andere flach, so dass sie auf ihrem Kubus stehen können. Wenn sie trocken sind, werden sie an dem spitzen Ende angezündet, und wenn sie brennen, verströmen sie bis zum Ende einen höchst lieblichen Geruch. Um sie noch besser zu machen, füge sechs Körner guten grauen Ambra hinzu.

Um Elfenbein zu erweichen, so dass man es in eine Gießform geben kann.

Manchmal kann man erstaunt sehen, wie preiswert exzellente Elfenbeinschnitzereien verkauft werden. Das wäre nicht möglich, wenn man nicht das Geheimnis gefunden hätte, Elfenbein zu erweichen, um es in eine Gießform zu geben, und somit in einer Stunde das zu erreichen, was man sonst vielleicht nicht in acht Tagen zustande gebracht hätte. Folgendes habe ich von einem geschickten Künstler aus Danzig gelernt. Man muss ein Stück Elfenbein so abschaben, dass es völlig weiß ist, dann kocht man es in durch Filtration gereinigtem Meerwasser mit sechs Unzen Alraunwurzel, und probiert mit einem Spatel, ob es weich genug ist, um es in eine Gießform zu geben, die ein wenig warm und sehr sauber sein muss. Wenn die Form voll ist, lässt man sie abkühlen und setzt die Elfenbeinfigur an zwei oder drei aufeinanderfolgenden Tagen dem Tau aus.

Um neue Seile mit einem Kraut zu zerschneiden.

Suche ein Elster- oder Eichelhähernest auf einem großen Baum, und binde das neue Seil so an das Nest, dass die Mutter nicht hineinkommen kann, um die Jungen zu füttern. Dann breite auf der Erde einige Tischtücher oder Servietten aus, um das Kraut aufzufangen, das die Elster holen wird, das ihr der Schöpfer durch den natürlichen Instinkt angezeigt hat, um das Seil zu zerschneiden, das ihr Nest versperrt. Wenn das Seil zerschnitten ist, so wirft sie das Kraut aus dem Nest und es fällt auf die Tischtücher oder Servietten, nimm sie, um sie zu nutzen oder nach derartigen zu suchen.

Um eine Eisenstange leicht zu brechen.

Nimm zu leicht dickem Leim gekochte Seife, bestreiche damit die Stange, dann reinige die Stelle, an der die Stange gebrochen werden soll, und bestreiche mit einem Pinsel fünf- oder sechsmal diese Stelle mit dem Glühwasser, das wir zuvor bereits erwähnt haben[97]. Das Wasser sollte zuvor bis zu drei Mal rektifiziert und quintessenziert werden, und es wird sich schnell durch die Eisenstange fressen, so dass man in weniger als sechs Stunden die Stange prompt brechen kann.

Ein Zauberring gegen die Fallsucht[98].

Mache einen Ring aus purem Silber, setze in die Fassung ein Stück Horn vom Fuße eines Elches ein; wähle dann einen Montag im Frühling, wenn der Mond in einem günstigen Aspekt oder in Konjunktion mit dem Jupiter oder der Venus steht, und während der günstigen Stunde der Konstellation, graviere in den Ring folgendes:

† Dabi †, Habi †, Haber †, Habr †[99].

Räuchere dann dreimal mit dem Montagsduft, dann kannst du sicher sein, dass er garantiert vor der Fallsucht schützt, trägt man ihn beständig am Mittelfinger der Hand.

Ein wunderbarer Talisman gegen Gift und giftige Tiere.

Den Talisman, den ich bespreche, ist weiter oben graviert, und er ist der erste nach den geheimnisvollen Zeichen der sieben Planeten. Er wirkt wundersam gegen Gifte, indem es dem Träger ein Vorgefühl der unmittelbar drohenden Gefahr einflößt, eine pochendes Herz, das uns vor der Gefahr warnt. Er ist auch sehr wirksam, die Bisse aller giftigen Tieren und Insekten abzuwehren. Auf diese Weise wird er bereitet: man formt eine kleine Platte aus reinem Gold, gut gereinigt und poliert, an einem Sonntag bei einer günstigen Konstellation, graviere die Zeichen,

---

[97] Siehe Seite 65.

[98] Epilepsie.

[99] Eine sogenannte Dabi-Habi Formel – sie wirkt nicht über den Sinn der Worte, sondern über die Rhythmik der Lautfolgen. Existiert in verschiedensten Formen und findet als solche seit dem 16. Jahrhundert Verwendung.

wie sie in der Abbildung oben angegeben ist, räuchere dreimal den Sonntagsduft unter der Herrschaft der Sonne, und nachdem man ihn in ein passendes Stück Seide gehüllt hat, trage man ihn in der Geldbörse oder in einer kleinen, sauberen Büchse bei sich. Man kann auch, wenn man will, auf der Rückseite der Platte die Sonne eingravieren, die ihre Strahlen auf viele Ungeziefer wie Kröten, Raupen, etc. schleudert.

Der Talisman sei hier erneut wiedergegeben, um das Zurückblätter zu vermeiden. (C.E.)

Erläuterung zu vier weiteren Talismanen,
deren Abbildungen hier wiedergegeben sind.

Ich übernahm die Zeichen der vier Talismane sehr genau aus einem ausgezeichneten Originalmanuskript der kaiserlichen Bibliothek von Innsbruck. Der erste stellt ein menschliches Gesicht mit hebräischen Buchstaben dar. Er ist gut, um Irrgeister wohlwollend und dienstbar zu machen und beim Handel zu Reichtum und Ehre zu gelangen. Er muss am Sonntag unter der Herrschaft der Sonne erstellt werden, auf einer Platte aus reinem Gold, mit Räucherzeremonien, die passenden zur Stunde des Planeten sind, der sich in einer günstigen Situation befindet, und vor allem in einem gutem Aspekt mit dem Jupiter.

Auf dem zweiten sieht man einen Arm, der aus einer Wolke kommt, fertige ihn an einem Montag unter der Herrschaft des Mondes an, auf einer reinen und polierten Silberplatte, mit passenden Räucherzeremonien in der Stunde einer günstigen Konstellation. Er schützt Reisende zu Land und zur See vor allen Gefahren, vor jeglichen Überfällen durch Räuber, Piraten und vor Klippen.

Der dritte wird am Dienstag unter der Herrschaft des Mars gefertigt, mit passenden Räucherzeremonien, in der Stunde einer glücklichen Konstellation, wenn der Mars in Konjunktion mit dem Jupiter steht, oder wenn er wohlwollend zur Venus schaut. Er ist sehr wirksam für erfolgreiche Kriegszüge, zur Verzauberung von Schusswaffen, so dass sie dem Träger nicht schaden können; er muss auf einer gereinigten und gut polierten Eisenplatte graviert werden.

Der vierte wird am Mittwoch bereitet, unter der Herrschaft des Merkurs, auf einer feinen Platte aus fixiertem Quecksilber, mit Zeremonien mit passender, dem Planeten eigenem Räucherwerk, in der Stunden einer glücklichen Konstellation, wenn der Merkur in Konjunktion oder in einem guten Aspekt mit der Venus oder dem Mond steht. Durch seine Kraft und Eigenschaft beschert er denen, die ihn tragen, Glück im Spiel und bei Handelsunternehmungen; er schützt Reisende vor Überfällen durch Räuber und zerstreut oder deckt Verrat gegen das Leben der Person auf, die mit ihm gewappnet ist.

Welches Siegel das dritte und welches das vierte ist (zweite Reihe) ist nicht eindeutig zu bestimmen, je nach Ausgabe unterscheidet sich die Reihenfolge der letzte beiden. Nach der Symbolik sehe ich diese Reihenfolge als die sinnvollste an. So sind sie auch im "Clavicula Salomonis" sortiert, aus dem sie wohl entnommen sind – hier wäre noch einer zwischen dem dritten und dem vierten Siegel.

Um das wahre Wasser der Königin von Ungarn zu machen.

Gib anderthalb Pfund frische Rosmarinblüten, ein halbes Pfund Poleiblüten[100], ein halbes Pfund Majoranblüten und ein halbes Pfund Lavendelblüten in einen Alambic und darauf drei Pinten guten Branntwein, verschließe alles gut, um Verdunstung zu verhindern, setzte dies für 24 Stunden zur Gärung in ganz heißen Pferdemist; dann destilliere man es in einem Marienbad. Um das Wasser anzuwenden, nehme man ein- oder zweimal pro Woche in der Früh auf nüchternen Magen ungefähr eine Drachme davon in einer anderen Flüssigkeit oder in einem Getränk ein, und man wasche sich damit das Gesicht und alle Glieder, wo man Schmerz und Schwäche fühlt. Dieses Mittel erneuert die Kräfte, erfrischt den Geist, zerstreut dunkle Wolken, schärft das Augenlicht und bewahrt es bis ins hohen Alter und lässt die Person jung erscheinen, die es verwendet. Es ist wundervoll für den Magen und die Brust, wenn man diese damit einreibt. Dieses Mittel wünscht nicht, erhitzt zu werden, man darf es nur trinken oder sich damit einreiben. Dieses Rezept ist das wahre, von Isabella[101], Königin von Ungarn, gegebene Rezept.

Um Pickel zu entfernen und das Gesicht von Männern als auch von Frauen zu reinigen.

Wickele Salpeter in ein feines Leinen, tauche dies in klares Wasser und berühre die Pickel mit diesem nassen Tuch. Es gibt ein Wasser, das man viel besser verwenden kann, um das Gesicht zu verschönern, und ich empfehle es eher, als das gerade beschriebene Salpetermittel. Nimm zwei Pinten Wasser, in dem du Saubohnen so lange kochst, bis sie fast zu einem Teig zerfallen. Gib dieses Wasser in einen Alambic, gebe zwei Handvoll Ackergauchheil, zwei Handvoll Gänsefingerkraut, ein Pfund Kalbshackfleisch mit sechs frischen Eiern, und darauf einen Schoppen Weißweinessig. Destilliere diese Mischung in einem Marienbad, und du erhältst ein exzellentes Wasser, um Hitzblattern zu entfernen, wenn man sich damit das Gesicht morgens und abends wäscht. Ich weiß, es gibt unzählige Menschen, die fürchten, diese Destillationen würde sie in jungen Jahren alt machen, aber dieses hier hat

---

[100] Polei-Minze, auch Flohkraut.
[101] Isabella Jagiellonica, * 1519; † 1559, aus Polen, wurde durch Heirat 1539 Königin von Ungarn.

eine gegenteilige Wirkung, da es Menschen in fortgeschrittenem Alters jung erscheinen lässt. Knete ein Brot aus drei Pfund Weizenmehl und einem Pfund Bohnenmehl mit Ziegenmilch, ohne allzu saures Säuerungsmittel. Wenn du es im Ofen gebacken hast, nimm das Brot heraus, tränke es gut mit frischer Ziegenmilch und sechs Eiweiße mit einem Schwamm, füge eine Unze gebrannte und gemischte Eierschalen hinzu; gebe es in einen Alambic und destilliere es über einem Sandbad und du hast ein ausgezeichnetes verjüngendes Wasser. Reibe täglich dein Gesicht damit ein, es wird glatt und eben wie ein Spiegel werden. Mit dem wahren Venezianischen Wasser können Menschen, die ein braunes oder leicht sonnengebräuntes Gesicht haben, ein Gesicht bekommen, weiß wie Schnee; es wird nach folgender Art und Weise hergestellt: nimm im Mai zwei Pinten Milch einer schwarzen Kuh, eine Pinte Wasser aus einem Weinstock, wenn er tränt[102], acht Zitronen und vier Orangen, fein in Scheiben geschnitten, zwei Unzen Kandiszucker, eine halbe Unze gut pulverisierten Borax, vier zerkleinerte Narzissen-Zwiebeln, destilliert und rektifiziert in einem Marienbad, und hebe dann das Wasser in einer gut verkorkten Flasche auf.

Exquisite Pomade, um das Gesicht zu verschönern, ohne dass es dasselbe wie Schminke rötet oder aufreißt.

Nimm 30 Schaffüße und sechs Kalbsfüße, entferne alles Fleisch von ihnen, du brauchst nur die langen Knochen, zerstoße sie so gut du kannst, achte gut auf das Mark, das du darin findest, gib es in einen großen, neuen, irdenen Topf und koche alles. Entferne zu Beginn vorsichtig den Schaum von der Brühe, um den Schmutz, aber nicht das Fett zu entfernen. Hat es drei Stunden gekocht, lässt man es gründlich abkühlen, dann nimmt man mit einem silbernen Löffel das Fett und Mark, das auf der Oberfläche des Topfes geronnen ist, ohne etwas zurückzulassen. Nimm dann vom gleichen Gewicht Bauchfett einer jungen Ziege; wiegen beide Fette zusammen ein halbes Pfund, so gib eine Drachme Borax und ebenso viel kalzinierten Bergalaun und zwei Unzen kaltes Viersamenöl hinzu, und du wirst alles zusammen in einer Pinte Weißwein kochen, der ganz klar sein muss. Lass es

---

[102] Aus den Schnittstellen der Weinreben sondern sich im Frühjahr "Rebtränen" ab, schon im Altertum u. a. von Hildegard von Bingen genutztes Heilmittel.

abkühlen, hebe das ganze Fett ab, das geronnen sein wird, und wasche es und modifiziere es mehrmals in Rosenwasser, bis es ganz weiß geworden ist, und gebe es zum Gebrauch in ein kleines Steinguttöpfchen.

Eine Seife für Gesicht und Hände anzufertigen, welche für die Person, die sie braucht, angenehm ist.

Nimm ein Pfund florentinische Schwertlilien, vier Unzen Storax, zwei Unzen zitronenfarbiges Sandelholz, eine halbe Unze Nelken, ebenso viel feinen Zimt, eine Muskatnuss und zwölf Körner grauen Ambra, reduziere alles zu Pulver und siebe dies; den grauen Ambra aber separat. Nimm dann zwei Pfund gute, weiße Seife und reibe sie in drei Schoppen Branntwein, lass sie für vier oder fünf Tage darin einweichen, knete sie dann mit Orangenblütenwasser und mache eine Paste mit feiner, gesiebter Stärke, mische den aufgelösten grauen Ambra mit ein wenig Traganth, der in duftender Flüssigkeit gelöst wurde, hinzu. Aus diesem Teig bilde Seifenkugeln, die man im Schatten trocknet und in Büchsen mit Baumwolle aufhebt[103].

Ein gutes Engelswasser zu machen, das einen balsamischen Geruch verbreitet.

Nimm einen großen Alambic, in dem du folgende Zutaten gibst: vier Unzen Benzoe, zwei Unzen Storax, eine Unze zitronengelbes Sandelholz, zwei Drachmen Nelken, zwei oder drei florentinische Schwertlilien, eine halbe Zitronenschale, zwei Muskatnüsse, eine halbe Unze Zimt, zwei Pinten gutes Rosenwasser, einen Schoppen Orangenblütenwasser, einen Schoppen Steinkleewasser, gib alles in einen gut verschlossenen Alambic und destilliere es in einem Marienbad, und dieses Destillat ist ein exquisites Engelswasser.

---

[103] Bei diesem Rezept ist allerdings nicht geklärt, wann die Zutaten zu Beginn (Schwertlilien etc.) zur Anwendung kommen.

Ein Licht wie die leuchtende Hand, die alle einschlafen lässt, die sich im Hause befinden.

Nimm vier Unzen von dem Kraut, genannt Schlangenkraut[104], gebe es in einen irdenen Topf und verschließe ihn, dann stelle ihn zur Gärung in den Bauch eines Pferdes, das heißt, stelle ihn für 14 Tage in warmen Pferdemist; dort wird es sich in kleine rote Würmer verwandeln. Ziehe daraus nach aller Kunst ein Öl und fülle es in eine Lampe. Wird diese in einem Zimmer angezündet, wird sie den Schlaf herbeiführen. Alle, die sich in dem besagten Zimmer befinden, werden so tief eingeschlafen sein, dass man sie überhaupt nicht wecken kann, so lange die Lampe brennt.

FIN.

---

[104] Viele Kräuter heißen regional "Schlangenkraut", z. B. Atlant.

Seltsame, bewährte Geheimnisse
gefunden im Kabinett eines Naturkundigen.

Wunderbares Geheimnis, um eine sympathische Wählscheibe oder einen Kompass herzustellen, damit man einem entfernten Freund schreiben kann, um ihm unserer Absicht einen Moment nach dem man geschrieben hat, kund zu tun.

Lass zwei Büchsen aus feinem Stahl anfertigen (ähnlich wie gewöhnliche Kompassbüchsen der Seeleute), die von gleicher Höhe, Gewicht und Gestalt sind und groß genug, um rundherum alle Buchstaben des Alphabets zu schreiben; bringe am Boden einen Zapfen an, um eine Nadel wie bei einem gewöhnlichen Zifferblatt zu platzieren. Achte darauf, dass deine Büchsen gut poliert und sauber sind; suche dann unter mehreren guten Magnetsteinen einen aus, der an der Seite, die nach Süden strebt, weiße Adern hat; säge den längsten und geradesten in zwei gleiche Teile, um daraus zwei Nadeln für die beiden Büchsen zu machen; sie müssen von gleicher Dicke und gleichem Gewicht sein mit einem kleinen Loch, um sie im Gleichgewicht auf den Zapfen zu setzten. Ist dieses gut bereitet, gib dem Freund, mit dem du korrespondieren willst, eine Büchse und mache mit ihm eine Stunde an einem Tag der Woche aus, sogar eine Stunde an jedem Tag, wenn man es wünscht, oder noch viel mehr, wenn man will; aber es ist ein wenig aufwändig, denn es ist notwendig, wenn man sich miteinander besprechen will, dass man eine Viertelstunde oder eine halbe Stunde oder gar eine Stunde vor der mit dem Freund verabredeten Stunde in seinem Kabinett ist, und die Nadel auf den Zapfen der Büchse legt und sie während dieser Zeit anblickt. Zu Beginn des Alphabetes muss ein Kreuz oder ein anderes Zeichen stehen, damit man sieht, wann sich die Nadel auf dieser Markierung dreht und man sich miteinander besprechen will, nachdem der entfernte Freund die Nadel in der gleichen Weise zu Beginn auf das Zeichen gestellt hat. Im Folgenden wird der Freund, um dem anderen seine Mitteilung zu machen, die Nadel auf einen Buchstaben dreht, und gleichzeitig wird sich die andere Nadel von selbst auf den gleichen Buchstaben drehen, durch die Verwandtschaft, in der sie miteinander stehen. Wenn du antworten willst, musst du das Gleiche tun, und wenn du fertig bist, drehe die Nadel wieder auf die gleiche Markierung. Beachte, dass man, nachdem man sich besprochen hat, die Büchse und die Nadel sehr vorsichtig getrennt in Baumwolle in eine Holzkiste legt, und schütze sie vor allem vor Rost.

Um einer Flinte die doppelte Tragweite zu geben.

Man gebe zu zwei Unzen gutem Pulver eine Unze weißen, grob gemahlenen Pfeffer hinzu und mische alles gut, laden deine Waffe mit etwas mehr Pulver als gewöhnlich und setzen auf dieses Pulver gut gestoßenen Kampfer; darauf gebe eine mit Papier umwickelte Kugel. Eine Pistole wird so weit tragen wie eine Flinte. Man kann auch ein Kraut namens Wegerich nehmen; sammele die Samen unter dem Zeichen des Löwen, sie sind so klein wie Senfkörner; verbrennen sie im Flintenlauf, den man in einer Schmiede rot glühen lässt, und man hat sein Ziel erreicht.

Wie man einen Sirup für ein langes Leben macht.

Nimm acht Pfund Bingelkrautsaft, zwei Pfund Borretsch-Saft, -Stängel und -Blätter, zwölf Pfund Honig aus Narbonne, oder anderen, den besten des Landes, gebe alles zusammen, koche eine Brühe zum Abschäumen und gebe es durch ein Hypocras-Sieb zur Klärung. Derweil lässt man für 24 Stunden vier Unzen Enzianwurzel, in Scheiben geschnitten, in drei Schoppen Weißwein auf heißer Asche ziehen, rühre von Zeit zu Zeit um, gieße diesen Wein durch ein Leinen, ohne ihn auszudrücken. Dieses Abgeseihte gebe man in die besagten Säfte mit dem Honig, lasse es leicht zu einem Sirup einkochen, lasse es in einem glasierten Topf abkühlen, fülle es dann in Flaschen, und bewahre sie an einem warmen Ort bis zum Gebrauch auf, wie gesagt, indem man jeden Morgen einen Löffel davon nimmt.

Der Sirup, von dem ich zuvor sprach, verlängert das Leben, stellt die Gesundheit nach jeglicher Krankheit wieder her, auch bei Gicht, verscheucht die Hitze aus den Eingeweiden, und wenn im Körper nur noch ein kleines Stück Lunge verblieben und der Rest verdorben ist, so wird die gute erhalten und die schlechte wiederhergestellt und es ist gut gegen Magenschmerzen, Ischialgie, Schwindel, Migräne, und generell gegen jeden innere Schmerzen.

Nimmt man nur jeden Morgen einen Löffel des Sirups, kann man sichergehen, dass man keinen Arzt oder Apotheker braucht; und es werden die Tage des Lebens, die von Gott beschert sind, glücklich und gesund sein; denn er hat eine solche Kraft, dass er im Körper keine Verdorbenheit oder schlechte Feuchtigkeit duldet, sondern diese sanft nach unten hin austreibt.

Dieses Geheimnis wurde von einem armen kalabrischen Bauern an einen General gegeben, der von Karl dem V. für die großartigen Seeexpedition gegen die Berber ernannt wurde. Der gute Mann war 132 Jahre alt, wie er dem General versicherte, der bei ihm wohnte, und ihn so hochbetagt sehend über seine Lebensweise befragt hatte. Er und seine Nachbarn waren genauso alt wie er, die genauso gesund und munter waren, als wären sie nur 30 Jahre alt, obwohl sie auch gestanden haben, dass sie eine ziemlich freizügiges Leben geführt hatten.

Ein deutscher Graf, der seit 13 Jahren krank war, wurde geheilt; der Kurfürst von Bayern, der von den Ärzten des Reiches aufgegeben wurde, die Markgräfin von Brandenburg, die neun Jahren gelähmt war, die Herzogin von Freiburg, die nach langer Krankheit in Mattigkeit verweilte, viele andere Standespersonen, deren Zahl fast unendlich ist, und schließlich alle anderen, die es verwendet haben, haben damit treffliche Erfahrungen gemacht.

Um alle Arten von Baumzweige zu pflanzen, dass sie Wurzeln schlagen.

Man schneidet einen Ast von einem beliebigen Baum, außer von einem, der im Safte stehet; schneide am Ende mit einem Messer ein Kreuz von der Länge von zwei oder drei Querfinger hinein, legte in die Mitte ein Haferkorn, mit dem Keim nach unten, aber bis auf den Grund, und an jede Seite des Schlitzes ein weiteres Haferkorn, mit dem Keim nach oben, und pflanze den Zweig in die Erde.

Um Seife zu vermehren.

Nimm zehn Kannen Wasser, sechs Pfund wilden Senf aus Alicante und zwei Pfund zu Asche gebrannte Mandelschalen, mache aus allem eine Lauge, und hebe sie auf.

Nimm dann zehn Pfund Seife, in Stücke geschnitten, gebe sie in einen Topf auf einem kleinen Feuer bis sie geschmolzen ist; übergieße dies mit zehn Pfund der Lauge, und koche dies zehn bis zwölf Mal auf, nehme hiernach Wäschestärke, weiche sie in der erwähnten Lauge ein und gieße sie in den Kessel mit der geschmolzen Seife, in die man die Lauge gegossen hat und mische alles und koche den Sud erneut auf; nimm hiernach eine Holzkiste, die du extra dafür gemacht hast, wirf einige Blumen von ungelöschtem Kalk hinein, gieße dann das geschmolzene Material hinein, und lass es im Schatten und bei guter Luft trocknen.

Anmerkung. Die Stärke ist nur dazu da, um das Material weiß zu machen und ihm die Farbe der Seife zu geben.

Um Safran zu vermehren.

Nimm anderthalb Unze Branntwein, zwei Drachmen feinen Zucker, eine halbe Drachme Salpeter; setzte alles auf das Feuer und füge eine Unze Safran hinzu, und hat man die Abkochung umgerührt, lässt man sie an der Sonne trocknen, und du wirst eine stattliche Vermehrung vorfinden.

Um gemahlenen Pfeffer um die Hälfte zu vermehren.

Man mische ihn mit Pfeffer aus Kardamomkörner oder auch mit Paradieskörner.

Um weißes Wachs zu vermehren.

Nimm 10 Pfund weißes Wachs, wenn es geschmolzen ist, gib drei Pfund gut gesiebtes Schwertlilien-Mehl hinzu, und verrühre alles gut mit einem Holzspatel, so dass sich alles miteinander verbindet.

Um Moschus zu vermehren, bewahre das Geheimnis!

Nimm ganz alten und fauligen Rhabarber; mache daraus ein Pulver oder schneide ihn in Stücke, koche ihn in normalem Wasser, rühre ständig um, bis er die Konsistenz von Theriak hat, lass ihn im Schatten trocknen und mische ihn mit Moschus.

Um Haare zu färben, wenn sie feuerrot sind, und um Federn zu weißen, wenn sie fleckig sind.

Gib pulverisierte Goldglätte in Wasser, rühre dies gut mit einem Stock um, lass es kochen, und gebe in das kochende Wasser die Haare. Wenn du wenig Goldglätte nimmst, wird die Farbe nicht so stark sein, wenn du mehr Goldglätte nimmst, wird sie stärker werden. Es ist nicht notwendig, dass es kocht, es reicht aus, dass alles heiß ist; wenn es kocht, geht es schneller, wenn auch nicht so gut.

Goldfirnis, meisterlich schön, der mehr glänzt als eine echte Vergoldung und ebenso beständig ist.

Nimm zwei Mösel guten, rektifizierten Weingeist, oder auch etwas mehr, wenn man den Firnis nicht so rot haben möchte, kann man auch das Gewicht des Gummilacks reduzieren, der ihn rot macht.

Gebe vier Unzen Gummilack-Granulat, zwei Unzen Gummigutta Pulver in eine Phiole mit Weingeist und lasse alles zu einem Drittel auf einem Sandbad reduzieren; um es anzuwenden, trage eine Schicht des Firnisses auf das auf, was du vergolden willst, sei es Holz, Metall, ein Buch oder etwas anderes. Dann lege sehr sorgfältig eine Schicht des falschen Metalls in Blättchen auf und lass es trocknen; und wenn es trocken ist, lege noch eine Schicht des Firnisses auf diese Metallschicht auf und lasse sie wieder trocknen, und so weiter bis deine Vergoldung ihre Farbe angenommen hat.

Beachte. Benutze einen Pinsel. Beachte auch, um erfolgreich zu sein, muss man grundieren, wie bei einem Gemälde.

Gegen den Blasenstein, um ihn zu heilen und seine Vermehrung zu verhindern; ein erprobtes Rezept.

Nimm eine Pinte Regenwasser, zwei Löffel geschälte Gerste und ein Stück Süßholz, so lang wie eine Hand, aber ganz platt geschlagen. Lass alles einen Tag einweichen und dann so lange kochen, bis die Gerste aufplatzt. Nimm jeden Morgen und Abend davon vier Löffel mit acht Löffel Kuhmilch, so wie man Kaffee trinkt.

Um Zähne und Zahnfleisch zu reinigen und das Fleisch wachsen zu lassen.

Nimm eine Unze gut zerkleinerte Myrrhe, zwei Esslöffel besten, weißen Honig und ein wenig grünen, gut pulverisierten Salbei, und reibe damit deine Zähne abends und morgens ein.

Gegen stinkenden Atem.

Nimm abends beim Schlafengehen ein Stück Myrrhe, so groß wie eine Haselnuss und lass sie im Mund zergehen.

Gegen das Drei- und Viertägige Fieber.

Nimm Benediktendistel, Wermut und Safran und gieße kochendes Wasser darüber und trinke es täglich auf die gleiche Weise, wie man Tee trinkt, oder kurz bevor das Fieber kommt, es wird bald vergehen.

Wunderbare Geheimmittel

welche unter dem Einfluss der Sterne bereiten werden müssen,
um die Krankheiten zu heilen,
die hier unten beschrieben stehen.

Wunderbare Geheimmittel, um die Gesundheit zu erhalten, oft angewandt von seiner Majestät Karl dem V.

Nimm zur Stunde der Sonne, als Erschaffer(in) des Lebens, vier Weinrauten-Zweige, neun Wacholder-Körner, eine Nuss, eine getrocknete Feige, und ein wenig Salz; zerstoße alles zusammen und iss dies es mehrmals auf nüchternen Magen.

Um zu wissen, ob ein Kranker leben oder sterben wird.

Unterschiedlich sind die Urteile der Leute, ob ein Patient leben oder sterben wird; ich aber werde dieses untrügliche Zeichen veröffentlichen, das jedem dienen kann, um ein sicheres Urteil zu fällen. Nimm eine Brennnessel, die nicht verdorben sein darf und gebe sie in den Urin des Patienten, unmittelbar nachdem der Patient ihn gelassen hat. Belasse die Brennnessel 24 Stunden im Urin; und danach, wenn die Brennnessel vertrocknet ist, ist das ein Zeichen des Todes; und wenn sie grün ist, ist das ein Zeichen des Lebens.

Um sich vor Gicht zu schützen.

Dieses Übel verursacht der Saturn; nimm in der Stunde des Mars oder der Venus das Kraut namens Marterica[105], zerstoße es und mische es mit einem zu einem Omelett gebackenem Eigelb. Iss es nüchtern und es wird dich vor der Gicht bewahren.

---

[105] Vielleicht Matricaire, also Kamille.

Gegen Fistelgeschwüre.

Dieses Übel verursacht der Mars; nimm in der Stunde des Saturns oder Jupiters seine Feinde, mache ein Pulver aus der Lireos-Wurzel, das du mit der Asche verbrannter Austernschalen und Schweineschmalz mischst, lege dies auf die Fisteln.

Um Pockennarben zu entfernen.

Dieses Übel verursacht der Mars; nimm in der Stunde des Mondes, Merkurs, Saturns oder Jupiters seine Feinde, Bleiglätte, trockene Schilfwurzeln, Kichererbsenmehl, Reismehl; zerstoße dies und mische es mit süßem Mandelöl und zerlassenem Hammelfett, salbe damit das Gesicht und belass es die ganze Nacht und den Morgen; wasche es mit warmen Wasser ab.

Gegen den Blasenstein.

Dieses Übel verursacht der Mond; nimm in der Stunde des Mars oder des Merkurs Skorpione, lege sie in einen neuen irdenen Topf mit enger Öffnung, und gebe ihn für sechs Stunden in einen Ofen, der nicht zu heiß ist, nimm ihn dann heraus und zerstoße sie sofort.

Vom Kolikschmerz.

Dieses Übel verursacht der Mond; nimm in der Stunde des Mars oder des Merkurs seine Feinde, die Lorbeerfrüchte und mache daraus ein Pulver, und gebe davon das Gewicht von zwei Drachmen mit Gewürzwein, dies lindert den Schmerz.

Gegen Harnverhalt.

Dieses Übel verursacht der Mond; nimm in der Stunde des Mars oder des Merkurs seine Feinde, Blatt und Samen des Triolet und den Samen der Eberraute und koche sie in Wasser, füge der Abkochung eine Spanische Fliege ohne Kopf, Füße und

Flügel pulverisiert hinzu und lasse einen Löffel davon trinken und man wird Urin lassen.

Gegen Wassersucht.

Dieses Übel verursacht der Saturn; nimm in der Stunde des Mars oder der Venus seine Feinde, einen Fasan, tötet ihn und nimm das Blut; gib zwei Gläser dem Kranken zu trinken, und er wird sich unfehlbar erholen.

Gegen Magenschmerzen.

Dieses Übel verursacht die Sonne; nimm in der Stunde des Mars, des Merkurs oder des Mondes seine Feinde, ein Huhn, töte es, und nimm den Flaum an seinem Bauch und mache daraus ein Pulver und gebe dies in Wein zu trinken, dies ist eine gute Arznei.

FIN.

Tabelle der Sonnenaufgänge der 17 Provinzen.

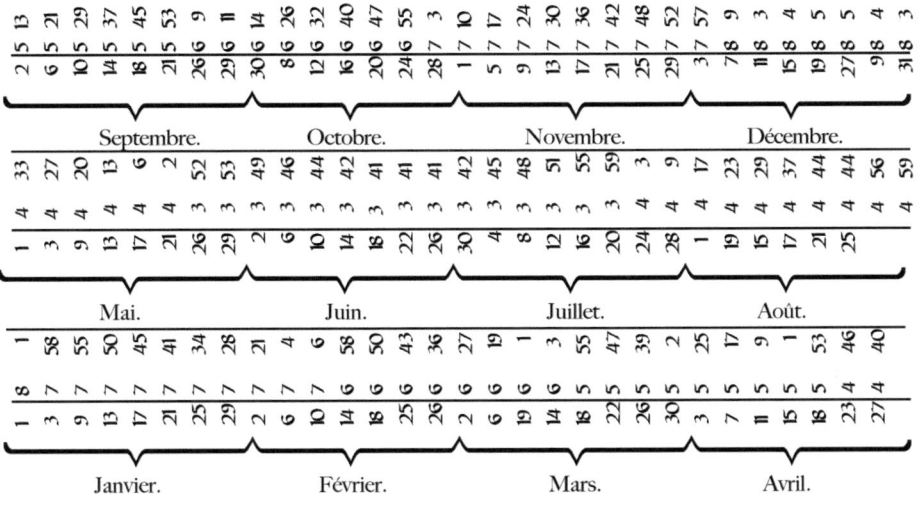

Septembre.   Octobre.   Novembre.   Décembre.

Mai.   Juin.   Juillet.   Août.

Janvier.   Février.   Mars.   Avril.

Tabelle der Sonnenaufgänge für Italien und Frankreich.

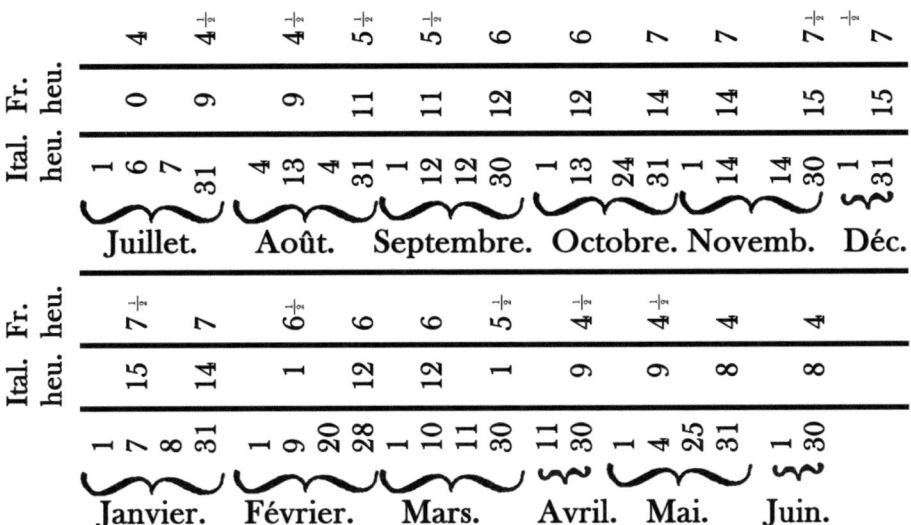

Juillet.   Août.   Septembre.   Octobre.   Novemb.   Déc.

Janvier.   Février.   Mars.   Avril.   Mai.   Juin.

Von Christian Eibenstein erschienen:

Fünf Bücher der Schwarzen Magie

Grimoirium Verum und Solomons
Schlüssel der Weisheit

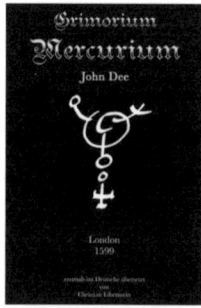

Grimorium Mercurium

Aesch Mezareph: Reinigendes Feuer

Das Schwert Moses

Das Heptameron und Pneumatologia
Occulta et vera